es 1009

edition suhrkamp

Neue Folge Band 9

Tove Ditlevsen (1917–1976), sicher die bekannteste und am meisten anerkannte dänische Autorin ihrer Generation, hat ein vielfältiges Œuvre hinterlassen: Lyrikbände, Novellensammlungen, Romane, Essays, Aphorismen. Mit »Sucht« liegt nun die erste deutsche Übersetzung eines Werkes dieser Autorin vor. Diese Erinnerungen, 1971 unter dem Titel »Gift« erschienen – was im Dänischen sowohl Ehe als auch Sucht meint –, erzählen von der Sehnsucht der Schriftstellerin nach einem normalen, geordneten Leben, fernab der als hart und ungeordnet erfahrenen Realität. Dieser sucht sie zuerst durch eine Ehe zu entfliehen, dann durch Drogen, eine Sucht, deren Befriedigung erfordert, eine weitere Ehe einzugehen. Nur der Gedanke, daß durch die Sucht ihre Existenz als Schriftstellerin bedroht ist, kann sie dazu bringen, den langwierigen Versuch zu unternehmen, sich von den Drogen loszukämpfen.

Titel der Originalausgabe: *Gift*
Die erste Auflage erschien 1971 im Verlag Gyldendal,
Kopenhagen

edition suhrkamp 1009
Neue Folge 9
© Tove Ditlevsen 1971
© Suhrkamp Verlag, Frankfurt am Main 1980.
Deutsche Erstausgabe. Alle Rechte vorbehalten,
insbesondere das des öffentlichen Vortrags,
des Rundfunkvortrags, der Fernsehausstrahlung
und der Verfilmung, auch einzelner Abschnitte.
Satz: Günther, Feldkirchen.
Druck: Nomos Verlagsgesellschaft, Baden-Baden.
Umschlaggestaltung: Willy Fleckhaus.
Printed in Germany

Tove Ditlevsen
Sucht

Erinnerungen

Aus dem Dänischen
von Erna Plett in Zusammenarbeit
mit Else Kjaer

Suhrkamp

Teil I

1

Alles im Zimmer ist grün: die Wände, die Teppiche, die Vorhänge, und ich komme mir darin immer vor wie eine Figur in einem Bild. Ich wache jeden Morgen gegen fünf auf und fange sofort an zu schreiben. Dabei sitze ich auf der Bettkante und krümme die Zehen vor Kälte; es ist Mitte Mai, und es wird nicht mehr geheizt. Ich schlafe allein in diesem Zimmer, denn Viggo F. hat so viele Jahre allein gelebt, daß er sich nicht plötzlich daran gewöhnen kann, mit einem andern Menschen zusammen zu schlafen. Das verstehe ich gut, und das paßt mir auch gut, so habe ich diese frühen Morgenstunden ganz für mich allein. Ich versuche, meinen ersten Roman zu schreiben, und Viggo F. ahnt nichts davon. Wenn er es wüßte, würde er − davon bin ich überzeugt − darin herumkorrigieren und mir gute Ratschläge geben, wie er das bei den andern jungen Menschen tut, die in »Wildweizen« schreiben, und damit würde der Strom der Worte versiegen, die mir den ganzen Tag durch den Kopf gehen. Ich schreibe mit der Hand auf gelbem Konzeptpapier, denn wenn ich auf seiner polternden Schreibmaschine schriebe, die so alt ist, daß sie eigentlich ins Nationalmuseum gehört, würde er aufwachen. Er schläft in dem Zimmer zum Garten hinaus, und ich darf ihn erst um acht wekken. Dann steht er auf in seinem weißen Nachthemd mit den roten Borten und geht mit verdrießlichem Gesicht ins Badezimmer. Inzwischen gieße ich für uns beide den Kaffee auf und streiche Butter auf vier Scheiben Weißbrot. Zwei Scheiben bestreiche ich recht dick, weil er alles liebt, was fett ist. Ich tue alles, was ich kann, um ihm zu gefallen, denn ich bin ihm auch jetzt noch dankbar dafür, daß er mich geheiratet hat. Zwar ist nicht alles ganz in Ordnung, aber ich hüte mich, darüber richtig nachzudenken. Viggo F. hat mich aus unerfindlichen Gründen niemals umarmt, und das stört mich etwas, ungefähr so, wie einen ein Stein im Schuh drückt. Es ist mir etwas unbehaglich, ich fürchte, daß irgend etwas mit mir nicht stimmt und daß ich auf irgendeine Weise seinen Erwartungen nicht ganz entsprochen habe. Wenn wir einander am Frühstückstisch gegenübersitzen, liest er die Zeitung, und ich darf ihn nicht ansprechen. Mein Mut schwindet dann wie Sand im Stundenglas, ich weiß auch nicht warum. Ich starre auf sein Doppelkinn, das über den Rand seines steifen Kragens quillt und immer leicht vibriert. Ich starre auf seine kleinen, schmächtigen Hände, die sich nervös und ruckhaft bewegen, und auf sein kräftiges graues Haar, das wie eine Perücke wirkt, weil das rotwangige, faltenlose Gesicht eher zu einem Kahlköpfigen passen würde. Wenn wir endlich etwas zueinander sagen, sind es belanglose kleine Bemerkungen: was er abends essen will, oder was wir mit dem Riß im Verdunklungsvorhang machen sollen. Ich bin froh, wenn er etwas Erfreuliches in der Zeitung findet, wie die Bekanntmachung, daß man wieder Spirituosen kaufen könne, nachdem die Besatzungsmacht es eine Woche lang verboten hatte. Ich bin froh, wenn er mir mit seinem einzigen Zahn zulächelt, zwei-, dreimal meine Hand tätschelt, auf Wiedersehen sagt und geht. Er will sich kein Gebiß machen lassen, weil in seiner Familie – wie er sagt – die Männer mit 56 Jahren sterben, und das sind ja nur noch drei Jahre, wofür also die Ausgabe. Es läßt sich nicht verheimlichen, daß er geizig ist, und mit der von meiner Mutter so hoch gepriesenen Versorgung ist es nicht allzuweit her. Er hat mir noch nicht ein einziges Stück zum Anziehen gekauft, und wenn wir abends ausgehen, um berühmte Persönlichkeiten zu besuchen, fährt er mit der Straßenbahn, während ich auf dem Fahrrad keuchend nebenherfahren muß, um ihm von Zeit zu Zeit zuzuwinken, wenn es ihm paßt. Ich muß ein Haushaltsbuch führen, und wenn er es kontrolliert, meint er, alles sei zu teuer. Wenn das Geld nicht stimmen will, füge ich einen Posten »Verschiedenes« ein, aber darüber macht er dann solches Theater, daß ich mir lieber Mühe gebe, nichts zu vergessen. Es paßt ihm auch nicht, daß wir vormittags eine Haushaltshilfe haben, wo ich doch den ganzen Tag zu Hause bin und nichts zu tun habe. Aber ich verstehe nichts von der Hausarbeit und will sie auch nicht machen, und so mußte er nachgeben. Ich bin erleichtert, wenn ich ihn den Grünplatz überqueren und zur Straßenbahn gehen sehe, die gerade vor der Polizeiwache hält. Ich winke, und wenn ich dem Fenster den Rücken zukehre, vergesse ich ihn vollkommen, bis er wieder auftaucht. Ich gehe ins Badezimmer und dusche, sehe in den Spiegel und denke daran, daß ich erst zwanzig Jahre alt bin und es trotzdem so ist, als seien wir seit einem Menschenalter verheiratet. Ich bin erst zwanzig, aber ich habe das Gefühl, das Leben der anderen Leute, außerhalb dieser grünen Zimmer, brause wie mit Pauken und Trompeten dahin, während auf mich die Tage lautlos wie Staub herabfallen, ein Tag genau wie der andere.

Wenn ich angezogen bin, rede ich mit Frau Jensen

über das Essen und schreibe auf, was eingekauft werden muß. Frau Jensen ist wortkarg, in sich gekehrt und etwas gekränkt, weil sie hier nicht mehr allein schalten und walten kann, wie sie es gewohnt war. Unsinn, sagt sie leise, ein Mann in seinem Alter, ein junges Mädchen zu heiraten. Sie sagt das nicht so laut, daß ich antworten müßte, und ich bin auch nicht so darauf aus, zu hören, was sie sagt. Ich denke die ganze Zeit an meinen Roman, dessen Titel feststeht, obwohl mir eigentlich noch nicht ganz klar ist, wovon er handeln soll. Ich schreibe nur, und vielleicht wird es gut, vielleicht auch nicht. Wichtig ist nur, daß ich mich wie immer beim Schreiben glücklich fühle. Ich bin glücklich und vergesse alles um mich herum, bis ich meine braune Schultertasche nehmen und Besorgungen machen muß. Dann überfällt mich wieder die trübe Verstimmung des Morgens: Ich sehe auf der Straße nur Liebespaare, die einander bei der Hand halten und einander tief in die Augen sehen. Den Anblick kann ich fast nicht ertragen. Ich denke daran, daß ich bisher niemals verliebt gewesen bin mit Ausnahme des kurzen Augenblicks damals vor zwei Jahren, als ich mit Kurt vom »Olympia« nach Hause ging, einen Tag, bevor er nach Spanien abreiste, um am Bürgerkrieg teilzunehmen. Vielleicht ist er jetzt tot, vielleicht ist er zurückgekommen und hat ein anderes Mädchen gefunden. Vielleicht wäre es für mich gar nicht notwendig gewesen, Viggo F. zu heiraten, um in der Welt voranzukommen. Vielleicht habe ich es nur getan, weil meine Mutter es so schrecklich gern wollte. Ich drücke mit dem Finger auf ein Stück Fleisch, um zu fühlen, ob es mürbe ist. Das ist etwas, was meine Mutter mir beigebracht hat. Und ich schreibe auf meinen kleinen Zettel, was es kostet, denn das kann ich nicht behalten, bis ich nach Hause komme. Wenn die Einkäufe erledigt sind und Frau Jensen gegangen ist, vergesse ich das Ganze wieder und klappere auf der Maschine, denn jetzt störe ich niemand.

Meine Mutter kommt oft und besucht mich, und manchmal sind wir ziemlich albern. Ein paar Tage nach der Hochzeit machte sie den Kleiderschrank auf und untersuchte Viggo F.s Anzüge. Sie nennt ihn »Viggomann«, ebensowenig wie irgend jemand anders kann sie Viggo zu ihm sagen. Ich tu es ja auch nicht, an dem Namen ist etwas Blödes, wenn nicht gerade ein Kind so heißt. Sie hielt alle seine grünen Anzüge gegen das Licht und fand einen, der so voller Mottenlöcher war, daß sie meinte, er könne ihn nicht mehr tragen. Frau Brun kann für mich ein Kleid daraus machen, beschloß sie. Es hat keinen Zweck zu widersprechen, wenn meine Mutter einen ihrer Einfälle hat, so ließ ich sie ohne Protest mit dem Zeug abziehen in der Hoffnung, Viggo F. werde nicht danach fragen. Kurze Zeit darauf besuchten wir meine Eltern. Das tun wir nicht gerade oft, denn an seiner Art, mit meinen Eltern zu reden, ist etwas, was ich nicht ausstehen kann. Er spricht laut und langsam wie zu Kindern mit schwacher Auffassungsgabe und lenkt das Gespräch mit Bedacht auf Themen, von denen er annimmt, daß sie sich dafür interessieren. Wir saßen da, und plötzlich stieß er mich mit dem Ellbogen vertraulich in die Seite. Das ist komisch, sagte er und zwirbelte seinen Schnurrbart zwischen Daumen und Zeigefinger, ist dir aufgefallen, daß das Kleid, das deine Mutter anhat, aus genau demselben Stoff ist wie der Anzug, den ich zu

Hause im Schrank hängen habe? Meine Mutter und ich rannten hinaus in die Küche, um uns auszuschütten vor Lachen.

Ich habe meine Mutter einfach gern in dieser Zeit, ich hege ihr gegenüber keine tiefen und schmerzlichen Gefühle mehr. Sie ist zwei Jahre jünger als ihr Schwiegersohn, und sie können miteinander nur darüber sprechen, wie ich als Kind gewesen bin. Ich erkenne mich selber kaum, wenn meine Mutter ihre Eindrücke von mir beschreibt, es ist, als handle es sich um ein ganz anderes Kind. Wenn meine Mutter kommt, stopfe ich meinen Roman in meine verschließbare Schublade in Viggo F.s Schreibtisch und gieße Kaffee auf. Während wir den trinken, reden wir gemütlich miteinander. Wir reden davon, wie gut es ist, daß mein Vater endlich wieder Arbeit im Örstedwerk hat, von Edvins Husten sprechen wir und von all den beunruhigenden Symptomen an den inneren Organen meiner Mutter, die gleich nach Tante Rosalies Tod aufgetreten sind. Ich finde meine Mutter immer noch hübsch und jugendlich. Sie ist klein und schlank, und ihr Gesicht ist genau wie Viggo F.s so gut wie faltenlos. Ihr Haar ist mit seinen Dauerwellen steif wie das einer Puppe, und sie sitzt immer auf der äußersten Stuhlkante, mit sehr geradem Rücken und die Hände um den Handtaschengriff geklammert. Sie sitzt da, wie Tante Rosalie es immer tat, wenn sie nur »einen kleinen Augenblick« bleiben wollte und erst nach Stunden wieder ging. Meine Mutter geht, bevor Viggo F. von der Feuerkasse nach Hause kommt, denn dann ist er meist in düsterer Laune und mag nicht, daß jemand da ist. Er haßt die Büroarbeit, die er tun muß, und die Menschen, die ihn tagtäglich umgeben. Er hat, wie mir scheint, gegen alle Menschen etwas, wenn sie nicht gerade künstlerisch begabt sind.

Wenn wir gegessen und die Haushaltsabrechnung durchgesehen haben, fragt er gern, wie weit ich mit der *Französischen Revolution* gekommen bin, einer Lektüre, die als meine Bildungsgrundlage gedacht ist, weshalb ich bemüht bin, möglichst jeden Tag ein paar Seiten darin zu lesen. Während ich die Teller hinaustrage, legt er sich am liebsten schon zu seinem Nickerchen auf das Sofa, und ich betrachte einen Augenblick die blaue Kugellampe vor der Polizeiwache, die den menschenleeren Platz mit einem glasartigen Schein beleuchtet. Dann rolle ich den Vorhang herunter und lese Carlyle, bis Viggo F. aufwacht und Kaffee haben möchte. Während wir den trinken und wenn wir nicht ausgehen und eine berühmte Persönlichkeit besuchen müssen, breitet sich ein eigenartiges Schweigen zwischen uns aus. Es ist, als sei alles, was wir einander zu sagen hatten, schon gesagt worden, bevor wir verheiratet waren, als ob wir in Blitzesschnelle alle Worte verbraucht hätten, die für die nächsten fünfundzwanzig Jahre hätten reichen sollen. Ich glaube nämlich nicht daran, daß er in drei Jahren stirbt. Das einzige, woran ich denken kann, ist mein Roman, und wenn ich nicht davon sprechen kann, weiß ich nicht, worüber ich reden soll. Gleich nach der Besetzung vor einem Monat war Viggo F. sehr aufgeregt und glaubte, die Deutschen würden ihn verhaften, weil er in »Social-Demokraten« einen Aufsatz über die Konzentrationslager geschrieben hatte. Damals sprachen wir viel von dieser Möglichkeit, und abends kamen seine aufgeregten Freunde, die auch den einen oder anderen Grund zu Befürchtungen hatten. Jetzt scheinen sie alle die Gefahr vergessen zu haben, und das Leben geht weiter, als ob nichts geschehen sei. Jeden Tag habe ich Angst, daß er mich fragt, ob ich das Manuskript seines neuen Romans gelesen hätte, das er dem Gyldendal-Verlag anbieten will. Es liegt drüben auf seinem Schreibtisch, und ich habe versucht, es zu lesen, aber es ist so langweilig und weitschweifig, voller verdrehter und verknäuelter Sätze, daß ich sicher niemals damit fertig werde. Daß ich nichts mit seinen Büchern anfangen kann, trägt dazu bei, die Atmosphäre gespannt zu machen. Ich habe das zwar niemals laut gesagt, aber auch niemals ein Lob geäußert. Ich habe nur gesagt, ich verstünde nichts von Literatur.

Obwohl unsere Abende zu Hause trist und eintönig sind, ziehe ich sie doch den Abenden mit berühmten Persönlichkeiten vor. In deren Gegenwart werde ich schüchtern und geniere mich, es ist, als sei mein Mund voller Sägemehl, so unmöglich ist es mir, auf ihre munteren Bemerkungen einzugehen. Sie reden von ihren Bildern, ihren Ausstellungen und ihren Büchern, und sie lesen Gedichte vor, die sie gerade geschrieben haben. Für mich ist Schreiben wie etwas Verbotenes in der Kinderzeit, etwas, wozu man heimlich und schamhaft in eine Ecke schleicht und es nur tut, wenn es niemand sieht. Sie fragen mich, was ich zur Zeit schriebe, und ich antworte: Nichts. Viggo F. kommt mir zur Hilfe. Vorläufig liest sie, sagt er, man muß eine Menge lesen, bevor man Prosa schreiben kann, und das muß doch der nächste Schritt sein. Er spricht fast so über mich, als ob ich gar nicht anwesend wäre, und ich bin erleichtert, wenn wir endlich aufbrechen. In Gesellschaft der Berühmtheiten ist Viggo F. ein ganz anderer

Mensch, munter, selbstsicher, witzig, wie er es in der ersten Zeit auch mir gegenüber war.

An einem Abend bei dem Zeichner Arne Ungermann kommen sie auf den Gedanken, alle die unbekannten jungen Leute, die in »Wildweizen« schreiben, zusammenzuholen, denn die säßen doch sicher überall in der Stadt verstreut und fühlten sich einsam. Sie würden sich freuen, einander kennenzulernen. Tove könnte ja Vorsitzende dieser Vereinigung werden, sagt er und lächelt mir freundlich zu. Der Gedanke macht mich froh, denn sonst sehe ich junge Leute nur, wenn sie sich einzeln zu uns wagen mit ihren Sachen und sich dann kaum trauen, mich anzusehen, weil ich die Frau des großen Mannes bin. Die Freude macht, daß ich plötzlich etwas zu sagen wage. Der Verein könnte doch »Club Junger Künstler« heißen, sage ich, und der Vorschlag findet allgemeinen Beifall.

Am nächsten Tag suche ich alle Anschriften aus Viggo F.s Notizbuch heraus und schreibe einen sehr förmlichen Brief, worin ich in kurzen Wendungen eine Zusammenkunft bei uns im Hause an einem bestimmten Abend vorschlage. Als ich die Einladungen in den Briefkasten neben der Polizeiwache werfe, stelle ich mir vor, wie sie sich freuen werden, denn ich nehme an, daß sie arm und einsam sind, wie ich es noch vor kurzem war, und daß sie ringsumher in eiskalten möblierten Zimmern sitzen. Ich denke daran, daß Viggo F. doch eine ganze Menge über mich weiß. Er weiß, daß ich es leid bin, immer mit alten Leuten zusammenzusein. Er weiß, daß das Leben in seinen grünen Zimmern mich bedrückt und daß ich nicht meine ganze Jugend damit zubringen kann, mich mit der Französischen Revolution zu beschäftigen.

2

Dann wird der »Club Junger Künstler« Wirklichkeit, und das Leben hat wieder Farbe und Fülle. Wir sind zehn, zwölf junge Menschen, die sich jeden Donnerstagabend in einem Lokal unten im Haus der Frauen treffen. Wir dürfen uns dort aufhalten, wenn jeder von uns eine Tasse Kaffee bestellt. Das macht für jeden – ohne Gebäck – eine Krone, und wer kein Geld hat, bekommt es von jemand geliehen, der gerade welches hat. Der Abend wird immer eröffnet mit dem Vortrag irgendeines »großen Tieres«, eines von Viggo F.s berühmten Bekannten, die ihm damit einen Gefallen tun. Ich höre niemals auch nur ein Wort von dem Vortrag, weil ich den Gedanken nicht loswerde, daß ich aufstehen und danken muß, wenn der Vortrag vorbei ist. Ich sage immer dasselbe: »Erlauben Sie mir, Ihnen für den ausgezeichneten Vortrag zu danken. Es war sehr freundlich von Ihnen, zu kommen.« Im allgemeinen lehnen die großen Tiere es zu unserer Erleichterung ab, noch dazubleiben und mit uns Kaffee zu trinken. So reden wir gemütlich und zwanglos über alles Mögliche, aber nur selten über das, was uns zusammengebracht hat. Höchstens daß einer mich betont beiläufig fragt: Weißt du, was Herr Möller von den beiden Gedichten hält, die ich ihm neulich geschickt habe? Sie sprechen alle von ihm als »Herrn Möller« und reden von ihm mit der größten Hochachtung. Dank ihm sind sie nicht ganz anonym, dank ihm haben sie hin und wieder das Glück, ihren Namen in einer Rezension der neuesten Nummer von »Wildweizen« genannt zu finden, die die Presse immer recht wohlwollend bespricht. Wir sind nur drei Mädchen im

Club: Sonja Hauberg, Ester Nagel und ich. Sie sind beide hübsch und ernst, mit dunklem Haar, schwarzen Augen, aus wohlhabenden Familien. Sonja studiert Literatur, und Ester arbeitet in einer Apotheke. Wir sind alle um die zwanzig, ausgenommen Piet Hein, der auch als einziger keinen Respekt vor Viggo F. zu haben scheint. Piet Hein mokiert sich darüber, daß ich um elf zu Hause sein muß und niemals mit ihm in das gegenüberliegende »Ungarische Weinhaus« gehe. Aber ich halte mich immer an die Abmachung, denn Viggo F. bleibt auf und wartet auf mich, um zu hören, wie der Abend gewesen ist. Er wartet mit Kaffee oder einem Glas Wein, und ich sehe ihn mit den Augen meiner Clubkameraden und bin oft in Versuchung, ihm meinen halb fertigen Roman zu zeigen, habe dann aber doch keine Lust dazu. Piet Hein hat ein rundes Gesicht und eine scharfe Zunge, vor der ich mich etwas fürchte. Wenn er mich abends durch die verdunkelte, mondbeschienene Stadt nach Hause begleitet, bleibt er am Kanal stehen oder vor der Börse mit dem grünleuchtenden Kupferdach, schlägt meine Hände auf wie ein Buch und küßt mich lange und leidenschaftlich. Er fragt mich, warum ich das Original geheiratet habe, ich, die ich so hübsch sei, daß ich fast jeden hätte kriegen können, den ich mir ausgesucht hätte. Ich antworte ausweichend, denn ich mag nicht, wenn jemand versucht, Viggo F. lächerlich zu machen. Ich denke, daß Piet Hein nicht weiß, was es heißt, arm zu sein und fast alle seine Zeit verkaufen zu müssen, nur um leben zu können. Ich empfinde viel größere Sympathie für Halfdan Rasmussen, der klein, mager und schlecht angezogen ist und von Sozialhilfe lebt. Wir kommen aus demselben Milieu und sprechen dieselbe Sprache. Aber Halfdan ist in Ester,

Morten Nielsen in Sonja und Piet Hein in mich verliebt. Das ist vor einigen Donnerstagen so abgemacht
worden. Ich kann mir nicht klar darüber werden, ob
ich in Piet Hein verliebt bin. Ich fühle schon aller-
hand, wenn er mich küßt. Aber er verwirrt mich dadurch, daß er soviel auf einmal von mir will: heiraten,
Kinder haben und mich mit einem aufregenden Mädchen, das er kennt, bekanntmachen, weil er meint, ich
brauchte eine Freundin. Mädchentier nennt er mich,
wenn er mich in den Arm nimmt.

Eines Abends bringt er das Mädchen mit in den Club.
Sie heißt Nadja und ist offensichtlich verliebt in ihn.
Sie ist größer als ich, mager, hält sich etwas krumm
und hat unregelmäßige, unausgeprägte Gesichtszü-
ge, als sei sie so sehr für andere da, daß sie nie zu sich
selbst kommt. Ich finde sie außerordentlich nett. Sie
ist Gärtnerin. Ihr Vater ist Russe. Ihre Eltern sind geschieden, und sie wohnt bei ihrem Vater. Sie lädt mich
zu sich ein, und ich gehe eines Tages hin, nachdem ich
Viggo F. davon erzählt habe. Die Wohnung ist groß
und hochherrschaftlich. Nadja erzählt von Piet Hein,
während wir Tee trinken. Sie sagt, er habe am liebsten
zwei Mädchen gleichzeitig. Als sie ihn kennenlernte,
war er noch verheiratet, und er sorgte dafür, daß sie
sich mit seiner Frau anfreundete, bevor er sie verließ.
Jetzt sehen sich die beiden gar nicht mehr. Das ist so eine fixe Idee von ihm, sagt Nadja ruhig. Sie fragt mich
nach meinem Leben aus und meint dann, ich solle
mich von Viggo F. scheiden lassen. Das ist eine Möglichkeit, an die ich bisher nur flüchtig gedacht habe.
Ich erzähle ihr auch, daß es bei uns kein eheliches Bei-
sammensein gibt, und sie sagt, es sei wirklich schade
und unverantwortlich, mich auf diese Weise zur Kin-
derlosigkeit zu verdammen. Frag doch Piet mal um

Rat, sagt sie, solange er in dich verknallt ist, tut er alles für dich.

So frage ich ihn eines Abends, als wir am Kanal stehen, wo das Wasser sanft und träge an das Bollwerk schwappt. Ich frage Piet, wie man es anfängt, geschieden zu werden, und er sagt, er wolle sich schon um das Praktische kümmern, wenn ich nur mit Viggo F. redete. Er sagt, er wolle alles für mich bezahlen, ich könne in einer Pension wohnen, er wolle schon noch besser für mich sorgen als Viggo F. Vielleicht, antworte ich, kann ich allein für mich sorgen. Ich schreibe an einem Roman. Ich sage das so beiläufig, als ob ich zwanzig Romane geschrieben hätte und dies der einundzwanzigste sei. Piet fragt, ob er ihn lesen dürfe, und ich sage, niemand solle ihn lesen, bevor er fertig sei. Dann fragt er, ob er mich an einem Abend zu sich zum Essen einladen dürfe. Er wohnt in der Store Kongensgade in einer kleinen Wohnung, die er sich nach seiner Scheidung eingerichtet hat. Ich sage zu und tue vor Viggo F. so, als ob ich zu meinen Eltern ginge. Es ist das erstemal, daß ich ihn belüge, und ich schäme mich, weil er mir glaubt. Er sitzt an seinem Schreibtisch und macht den Umbruch von »Wildweizen«. Er schneidet Zeichnungen, Kurzgeschichten und Gedichte aus den Korrekturfahnen aus und klebt das Ganze auf die Seiten einer alten Nummer. Er tut das mit behutsamer Hand, und seine Gestalt mit dem großen, unter das grüne Licht gebeugten Kopf strahlt so etwas wie Glück aus, denn er liebt das Blatt, wie andere ihre Familie lieben. Ich küsse ihn auf den weichen, feuchten Mund und habe plötzlich Tränen in den Augen. Wir haben hier etwas Gemeinsames gehabt, nicht viel, aber doch etwas, und jetzt bin ich im Begriff, es zu zerstören. Ich bin traurig darüber, daß mein Leben sich zu verwirren beginnt wie niemals zuvor. Doch ich denke auch daran, wie sonderbar es ist, daß ich mich bisher niemals gegen den Willen irgendeines Menschen gewehrt habe, zumindest nicht im Ernst. Es wird vielleicht etwas später, sage ich, meine Mutter fühlt sich nicht ganz wohl. Bleib also nicht auf, du brauchst nicht auf mich zu warten.

Na, sagt Piet vergnügt, war das gut?
Ich sage ja und fühle mich glücklich. Seit der Affäre mit Aksel war ich immer mißtrauisch, daß mit mir in gewisser Hinsicht vielleicht etwas nicht ganz in Ordnung sei, davon kann also nun keine Rede mehr sein. Wir haben gegessen und getrunken, und ich habe einen kleinen Schwips. Wir liegen in einem breiten Himmelbett, das Piet von seiner Mutter bekommen hat, sie ist Augenärztin. Das Zimmer ist voller lustiger Lampen, die Möbel sind modern, Eisbärfelle auf dem Fußboden. In einer Vase neben dem Bett steht eine Rose, die schon anfängt, ihre Blätter zu verlieren. Piet hat sie mir mitgebracht. Er hat mir auch ein Kleid aus blauem Samt geschenkt, das muß erstmal hier hängen bleiben, ich kann das ja nicht gut mit nach Hause nehmen. Ich nehme die Rose und rieche daran. Die glaubt nun auch nicht mehr ans Knospentreiben, sage ich lachend. Das kann ich brauchen, schreit Piet und fährt aus dem Bett hoch ohne einen Faden am Leib. Er setzt sich an den Schreibtisch und kritzelt etwas auf ein Stück Papier. Als er fertig ist, zeigt er es mir. Es ist ein »Gruk« für »Politiken«, wo er jeden Tag so einen Vierzeiler mit scharfer oder witziger Pointe bringt. Da steht:

Eine Rose gab ich meiner Liebsten zur Nacht,
Unsern Schlaf hat die Rose errötend bewacht.
Erst fällt ein Blatt, dann mehr – leis wie ein Kuß,
Doch Knospen zu treiben – damit ist Schluß.

Ich lobe ihn für sein Werk, und er sagt, ich solle die
Hälfte des Honorars haben. Für Piet ist Schreiben
nichts Anstößiges, was man heimlich tun muß, es ist
für ihn wie Atemholen.
Das wird ein harter Schlag für Möller, sagt er zufrieden. Als ihr heiratetet, haben alle seine Freunde
Wetten abgeschlossen, wie lange es dauern würde,
weniger oder mehr als ein Jahr. Mehr als ein Jahr
glaubte niemand. Und Robert Mikkelsen hat deshalb dafür gesorgt, daß ihr Gütertrennung verein-
bartet, denn die meinten alle, daß du sonst mit der
Hälfte seiner Einrichtung abziehen würdest.
Wie boshaft du doch bist, sage ich verwundert, wie
verwickelt du alles siehst.
Nein, sagt Piet, ich mag ihn nur nicht leiden. Er ist
ein Kunstschmarotzer, ohne selbst Künstler zu sein.
Er kann überhaupt nicht schreiben.
Dafür kann er doch nichts, sage ich unbehaglich. Ich
mag nicht, wenn du so über ihn redest, das verdirbt
mir die Laune. Ich frage, wie spät es ist, und mein
kurzes Glücksgefühl klingt langsam ab. Eine dunsti-
ge, silbrige Stille erfüllt den Raum, als ob gleich etwas Schicksalhaftes geschehen werde. Ich höre
nicht, was Piet sagt. Ich denke an Viggo F., wie er
unter seine Schreibtischlampe gebückt am Umbruch seines Blattes arbeitet. Ich denke an die Wette seiner Freunde, und wie unmöglich es für mich
ist, mit ihm über eine Scheidung zu sprechen.
Manchmal, sagt Piet weich, bist du ganz weit weg,

völlig abwesend. Du bist ein aufregendes Mädchen, ich glaube schon, daß ich dich liebe. Kann man dir schreiben, fragt er, kommt die Post erst, wenn er weg ist? Ja, sage ich, du kannst mir gern schreiben. Am nächsten Tag habe ich einen Liebesbrief von ihm: Liebes Mädchentier, schreibt er, du bist das einzige Mädchen, das ich mir als meine Frau vorstellen kann. Ich bin erschrocken und rufe Viggo F. an. Was willst du, fragt er etwas kurzangebunden. Ich weiß nicht, sage ich, ich fühle mich nur so allein. Ist schon recht, sagt er gutmütig, ich komme ja heut abend nach Hause.

Dann nehme ich meinen Roman heraus, fange an zu schreiben und vergesse alles. Der Roman ist bald fertig. Er soll heißen: Jemand hat einem Kind etwas zuleide getan. Er handelt auf irgendeine Weise von mir selbst, obwohl ich niemals erlebt habe, was den Romangestalten widerfährt.

3

Und das, sagt Viggo F. und zwirbelt seinen Schnurrbart, ein Zeichen, daß er guter Laune ist, das hast du
die ganze Zeit vor mir versteckt? Ja, sage ich, ich
wollte dich überraschen. Ist es wirklich gut?
Verblüffend gut, sagt er, da ist nicht einmal ein
Komma zu berichtigen. Das wird ein großer Erfolg.
Er sitzt mit meinem Manuskript in der Hand da und
sieht zu mir auf mit seinen leuchtend blauen Augen,
die so blank sind, als ob sie gerade eben geputzt wären. Alles an ihm ist sauber und adrett, und er riecht
nach Seife und Rasierwasser. Sein Atem ist so frisch
wie der eines Kindes, er raucht ja nicht.
Ich fühle, wie ich vor Freude rot werde. In diesem
Augenblick sind mir Piet Hein und meine Schei-
dungspläne völlig gleichgültig. Viggo F. ist wieder
derjenige, den zu treffen ich mein Leben lang geträumt habe. Er öffnet eine Flasche Wein und füllt
die grünen Gläser. Zum Wohl, sagt er lächelnd, und
herzlichen Glückwunsch. Wir sind beide der Meinung, daß wir es wieder zuerst bei Gyldendal versuchen wollen, obwohl die meine Gedichte nicht haben wollten. Den Roman von Viggo F., den durch-
zulesen ich nicht geschafft habe, haben sie gerade
angenommen. Er hat nur gesagt, ich sei zu jung für
seine Sachen, daran lasse sich nun einmal nichts ändern. An diesem Abend verstehen wir uns so gut wie
vor unserer Ehe, und der Gedanke daran, was ich
ihm bald sagen muß, ist so fern und unwirklich wie
der Gedanke daran, was in zehn Jahren sein wird.
Dies ist der letzte Abend, an dem wir einander wirklich nahe sind. Wir sind allein beieinander in dem

grünen Zimmer hinter den Verdunkelungsvorhängen, wir haben etwas gemeinsam, was die Welt noch nicht kennt, wir reden über die gewohnte Schlafenszeit hinaus von meinem ersten Roman, wir trinken hin und wieder einen Schluck Wein und gähnen zwischendurch. Viggo F. betrinkt sich niemals, und er kann es auch nicht ausstehen, wenn andere es tun. Er setzt Johannes Weltzer oft vor die Tür, wenn der betrunken und hemmungslos schwitzend im Zimmer auf und ab läuft und von dem Roman redet, an dem er gerade schreibt. Viggo F. meint, er rede alles zuschanden und habe in seinem Leben nur eine einzige gute Zeile geschrieben, und zwar: Lieb sind mir Unruhe und lange Reisen. Im übrigen ist es ja selbstverständlich, daß man nur maßvoll trinkt und auch beizeiten aufbricht. Wir haben oft Besuch. Dann kaufe ich das Essen fertig in einem Feinkostgeschäft in der Amagerbrogade, denn ich bin ebensowenig wie meine Mutter imstande, mehr als das Notdürftigste an Essen zuzubereiten.

Eines Tages erzähle ich meiner Mutter von meinen Scheidungsplänen. Von Piet Hein erzähle ich ihr und von all den Geschenken, die er mir macht, und wie er für mich in Zukunft sorgen will. Meine Mutter runzelt die Brauen und denkt lange nach. In unserer Straße zu Hause wird niemals irgend jemand geschieden. Sie beschimpfen und prügeln einander und leben wie Hund und Katze, aber von Scheidung ist niemals die Rede. Das muß etwas sein, was in besseren Kreisen üblich ist, ungewiß warum.

Ja, aber will er dich denn nicht heiraten? fragt sie schließlich und reibt sich die Nase mit dem Zeigefinger wie immer, wenn ihr etwas Kopfzerbrechen macht. Ich sage, davon habe er noch nicht gespro-

chen, aber das werde er schon noch tun. Ich sage,
ich könne es nicht länger aushalten, mit Viggo F.
verheiratet zu sein, ich hätte jeden Tag Herzbe-
schwerden um die Zeit, wenn er nach Hause komme. Ich sage, die Heirat sei von beiden Seiten ein
Fehler gewesen. Ja, sagt sie, in einer Weise verstehe
ich dich ganz gut. Es sieht ja auch zu dumm aus,
wenn ihr nebeneinander auf der Straße geht, daß er
soviel kleiner ist als du. Meine Mutter ist vollkommen unfähig, sich in den Gedankengang eines andern Menschen zu versetzen. Dadurch wird sie daran gehindert, mir allzu nahe zu kommen, und das
paßt mir ausgezeichnet.
Jetzt gehe ich jeden Donnerstag nach dem Club-
abend mit Piet Hein zu ihm nach Hause. Ich sage zu
Viggo F., die Diskussionen nach dem Vortrag zögen
sich so lange hin, und als Vorsitzende könne ich es
mir doch nicht leisten, als erste zu gehen. Ich sage,
daß er nicht auf mich warten, sondern ruhig schla-
fengehen solle. Wenn er schläft, kann nichts ihn auf-
wecken, und er merkt nicht, wie spät ich nach Hause
komme. Aber warum, sagt Piet ungeduldig, sagst du
ihm nicht, was los ist? Ich verspreche immer wieder,
es am nächsten Tag zu sagen, und schließlich habe
ich das verzweifelte Gefühl, daß ich es niemals fertigbringen könne. Ich habe Angst davor, wie er rea-
gieren wird. Ich fürchte mich vor Streit und Ausein-
andersetzungen und denke immer mit Grauen an
die Zeit, als mein Vater und mein Bruder sich jeden
Abend stritten, so daß in unserer kleinen Stube nie
mehr Ruhe war. Wenn du es nicht sagen kannst,
sagt Piet eines Abends, kannst du ja einfach ausziehen. Du darfst allerdings nicht mehr als dein Zeug
mitnehmen. Aber das kann ich nicht tun, das wäre

zu schäbig, zu brutal und undankbar. Piet sagt auch, ich solle mich etwas mehr um Nadja kümmern, die so unglücklich sei, weil er sie verlassen hat. Ich besuche sie auch oft. Sie sitzt in einem Stahlrohrsessel, streckt die langen Beine aus und reibt irritiert in ihrem Gesicht herum, als ob sie alle Züge verändern wolle. Sie sagt, Piet sei ein gefährlicher Mensch, ganz dazu geschaffen, viele Frauen unglücklich zu machen. Sie will ihr Leben anders einrichten, nachdem er sie nun verlassen hat. Sie will auf die Universität gehen und Psychologie studieren, denn sie hat sich schon immer mehr für andere Leute als für sich selbst interessiert. Das soll ihre Rettung sein. Sie sagt betrübt: Dich wird er auch sitzen lassen. Er kommt eines Tages und sagt: Ich habe eine andere gefunden. Ich bin sicher, du wirst das durchstehen. »Durchstehen«, das sei sein Lieblingsausdruck. Sie sagt auch, ich solle mich trotzdem scheiden lassen, Piet könne ein ausgezeichneter Scheidungsgrund sein. Mich läßt es ziemlich kalt, was sie sagt, denn alles in allem ist sie doch ein sitzengebliebenes Mädchen voller Bitterkeit.

Dann und wann wird es mir etwas zuviel, wenn ich in Piet Heins Armen liege und er Zukunftspläne für mich entwirft. Es paßt mir nicht, daß er in meinem Leben herumfuhrwerken und alles ändern und neu einrichten will, als ob ich nicht dazu imstande sei, es selbst in die Hand zu nehmen. Und ich wünsche, er ließe mich in Frieden. Ich wünsche, das Leben ginge so wie jetzt weiter bis in alle Ewigkeit. Ich wünsche, ich könnte mich weiter zwischen ihm und Viggo F. hin und her bewegen, ohne einen von beiden aufzugeben, und ohne große Veränderungen. Ich habe Veränderungen immer gehaßt und Sicherheit in der

Vorstellung gefunden, alles werde so bleiben, wie es immer gewesen ist. Doch es kann ja nicht immer so weitergehen. Jetzt kann ich es gut ertragen, Liebespaare auf der Straße zu sehen, aber ich wende mich ab, wenn ich Mütter mit kleinen Kindern sehe. Ich vermeide es, in Kinderwagen zu gucken und an die Mädchen aus unserer Straße zu Hause zu denken, die stolz waren, wenn sie ein Kind erwarteten, bevor sie achtzehn waren. Ich begrabe alle derartigen Hoffnungen, denn Piet paßt auf, daß ich nicht schwanger werde. Er sagt, Dichterinnen sollten keine Kinder kriegen, es seien genug andere da, die es könnten, wohingegen es nicht viele gebe, die Bücher schreiben könnten.

Plötzlich verschlimmert sich mein elender Zustand, der immer gegen fünf Uhr nachmittags einsetzt. Während ich in der Küche die Kartoffeln aufsetze, fängt mein Herz heftig an zu hämmern, und die weiße Kachelwand hinter dem Gasherd flimmert vor meinen Augen, als ob die Kacheln gleich herausfielen. Wenn Viggo F. hereinkommt mit seinem finsteren, verdrießlichen Gesicht, fange ich fieberhaft an zu sprechen, wie um eine Gefahr abzuwenden, ich weiß nicht welche. Ich fahre fort zu reden, während wir essen, obwohl er nur einsilbig antwortet. Ich bin voller Angst, er könne etwas Unglaubliches, Unwiderrufliches sagen oder tun, etwas was er niemals zuvor gesagt oder getan hat. Wenn es mir glückt, seine Aufmerksamkeit zu gewinnen, läßt das Herzklopfen etwas nach, und ich kann ruhig atmen, bis wieder eine Pause in der Unterhaltung eintritt. Ich rede von allem Möglichen, von Frau Jensen, die − als ich ihr eine Zeichnung zeigte, die Ernst Hansen von mir gemacht hat − gesagt hat: Ist das eine

Handzeichnung? Von meiner Mutter rede ich und
ihrem Blutdruck, der jetzt zu hoch ist, während er
früher immer zu niedrig war. Ich spreche von meinem Buch, das von Gyldendal zurückgekommen ist
mit einer sonderbaren Beurteilung: Man nimmt an,
ich hätte zuviel Freud gelesen. Dabei weiß ich nicht
einmal, wer Freud ist. Jetzt habe ich das Buch an
den neuen Verlag Athenäum geschickt und warte
täglich gespannt auf Antwort. Eines Abends fällt
ihm meine Unruhe auf, und er sagt, ich sei eine richtige Quasselstrippe geworden. Ich erzähle ihm, ich
fühlte mich nicht so recht wohl und glaubte, ich hätte etwas mit dem Herzen. Dummes Zeug, lacht er,
nicht in deinem Alter, das ist höchstens Nervosität.
Er sieht mich beunruhigt an und fragt, ob mich irgend etwas quäle. Ich versichere ihm, es sei nichts,
und ich fühlte mich wunschlos zufrieden. Ich werde
Geert Jörgensen anrufen, sagt er, und einen Termin
für dich ausmachen. Er ist Psychiater, ich war selbst
einmal vor Jahren bei ihm, ein sehr vernünftiger
Mann.
Dann sitze ich dem Arzt gegenüber, einem großen,
knochigen Mann mit enormen Augen, die aussehen, als wollten sie aus den Höhlen springen. Ich erzähle ihm alles. Ich erzähle ihm von Piet Hein, und
daß ich es sicher niemals fertigbringen könne, zu
Viggo F. zu sagen, wir sollten uns scheiden lassen.
Geert Jörgensen lächelt mir ermunternd zu, während er mit einem Papiermesser auf seinem Schreibtisch spielt.
Ist es nicht trotz allem interessant, sagt er, zwischen
zwei Männern zu stehen?
Ja, sage ich verblüfft, denn das ist es ja tatsächlich.
Sie sollten sich von Herrn Möller trennen, sagt er

geradezu, das ist ja eine wahnsinnige Ehe. Wie Sie vielleicht wissen, bin ich Chefarzt des Hareskov-Sanatoriums. Ich werde Ihrem Mann vorschlagen, daß Sie für eine Weile dahin gehen. Ich werde mich schon um alles kümmern. Sobald Sie ihn nicht mehr sehen, verliert sich die Herzneurose.

Er ruft Viggo F. gleich an, der hat nichts gegen den Vorschlag. Schon am Tage darauf packe ich meinen Koffer und fahre nach Hareskov, wo ich ein Einzelzimmer mit Aussicht auf den Wald bekomme. Ich spreche noch einmal mit dem Chefarzt, und er sagt, Piet Hein dürfe mich nicht besuchen, bevor nicht alles geklärt sei. Er will ihn anrufen und ihn bitten wegzubleiben. In dem Sanatorium sind nur Damen im Alter meiner Mutter, sehr feine und elegante, und ich fühle mich bedrückt in meinem schäbigen Zeug und denke an all die Kleider, die Piet mir geschenkt hat und die ich jetzt noch nicht tragen kann. Die Tage gehen friedlich hin, und mein Herz kommt wieder zur Ruhe. Ich habe mir in Bagsvaerd eine Schreibmaschine geliehen, und ich schreibe ein Gedicht: Die ewigen Drei. Warum kreuzen zwei Männer in der Welt immer wieder den Weg meines Lebens? Der eine ist der, den ich immer liebe, der andere liebt mich, vergebens. Aber eigentlich weiß ich nicht, ob ich Piet Hein liebe, wie er ja auch niemals gesagt hat, er liebe mich. Er schickt mir Schokolade und Briefe, und eines Tages eine Orchidee in einer langen Pappschachtel. Ich stelle sie in eine schlanke Vase und setze sie auf den Nachttisch, ohne weiter darüber nachzudenken. An dem Tage, als Viggo F. mit dem Chefarzt verabredet ist, kommt er als erstes in mein Zimmer hinauf. Er hat kaum guten Tag gesagt, als er die Orchidee sieht. Er wird blaß und

stützt sich auf die Lehne eines Stuhls. Erschrocken
sehe ich, wie sein Unterkiefer heftig bebt. Das da,
sagt er mit zitternder Stimme und zeigt auf die Orchidee, von wem hast du das? Ist da ein anderer?
Ih wo, sage ich, die kam anonym, von irgendeinem
Verehrer.
Während ich das sage, denke ich an meine Mutter;
deren flinke Ausreden habe ich also nicht umsonst
meine ganze Kindheit hindurch bewundert.

4

Es ist Herbst geworden, und ich gehe im Wald spazieren in einem schwarzen Kostüm mit Ozelotkragen. Ich gehe allein, denn meine Welt ist ganz anders als die der andern Damen, mit denen ich nur während der Mahlzeiten eine flüchtige Unterhaltung führe. Piet Hein besucht mich jeden Tag. Er bringt mir Schokolade oder Blumen mit, und wir machen unsere endlosen Spaziergänge durch den Wald; dabei redet er davon, daß er bemüht sei, eine gute Pension für mich ausfindig zu machen, wo ich wohnen könne, und wie großartig ich Viggo F. losgeworden sei. Ich denke darüber nach, daß man einen Menschen nicht loswird, nur weil man ihn nicht länger sieht, aber so etwas kann man Piet nicht erklären, er ist so realistisch und ganz unsentimental. Er küßt mich mit der Miene des stolzen Besitzers unter den vielfarbenen Bäumen, deren Blätter still auf uns herabfallen, und er meint, daß ich nicht so glücklich aussähe, wie ich eigentlich sein müßte. Ich habe ihm den Brief gezeigt, den Viggo F. mir geschrieben hat, aber er hat nur gelacht und gemeint, man könne von einem enttäuschten und verbitterten Mann nichts anderes erwarten. Viggo F. hat nur geschrieben: Liebe Tove, vom Verlag liegt Bescheid vor, daß dein Buch angenommen worden ist. Ich schicke dir den beigelegten Scheck. Dann nur die Unterschrift. Ich habe das Papier gedreht und gewendet, aber es stand nicht mehr drauf. Der Brief macht mich traurig, wenn ich auch froh darüber bin, daß die mein Buch haben wollen. Es macht mich traurig, wenn ich an unsern letzten guten Abend denke, an alles, was wir gemeinsam hatten, was nun zerstört ist.

Der Chefarzt sagt, Viggo F. willige nicht in die Scheidung ein, weil er annehme, ich würde die Sache mit Piet Hein bereuen. Viggo F. hat ihn wegen seiner ironischen Art nie leiden können, die beiden sind einander nur ein paarmal begegnet. Auch von Ester habe ich einen Brief, sie sagt, sie vermisse mich im Club. Sie fragt, ob ich etwas dagegen hätte, wenn sie während meiner Abwesenheit den Vorsitz übernehme. Sie habe aus Viggo F. nichts herauskriegen können, aber als sie den zugeknöpften Piet mit glühenden Zangen bearbeitet habe, sei es ihr gelungen, meine Adresse zu bekommen. Wenn ich zu Hause bei Viggo F. wäre, würde ich jetzt zu einem Essen in einem teuren Restaurant einladen, um das Ereignis zu feiern. Piet zu irgend etwas einzuladen, habe ich keine Lust, denn das würde nur darauf hinauslaufen, daß er bezahlt. Und ich denke mit Unruhe an meine Zukunft, die grünen Zimmer gaben mir doch eine Art Geborgenheit. Es lag ein Gefühl der Sicherheit in dem Gedanken, eine verheiratete Frau zu sein, die jeden Tag zum Einkaufen ging und das Essen zubereitete. Nun ist alles zerstört. Piet spricht nie von Heirat, es ist ihm gleichgültig, ob Viggo F. sich scheiden läßt oder nicht.

Endlich hat Piet eine passende Pension gefunden, und ich ziehe ein mit einem Gefühl, als sei ich wieder ein ganz junges Mädchen, dessen Situation zerbrechlich, vorläufig und ganz unsicher ist. Ich habe ein geräumiges, helles Zimmer mit hübschen Möbeln, und ich werde von einem Stubenmädchen mit Häubchen bedient. Ich habe von dem Vorschuß für meinen Roman eine Schreibmaschine gekauft und schreibe darauf meine Gedichte ins reine, denn ich habe wieder angefangen, Gedichte zu schreiben. Piet sagt, ich solle versuchen, sie bei einer der Zeitschriften unterzubringen, die so etwas drucken, aber ich habe Angst, daß man sie nicht nehmen würde. Wenn Piet und ich abends in dem schmalen Bett liegen und schwatzen, muß ich immer daran denken, daß er niemals von sich selber spricht. Seine Augen schimmern wie Rosinen, und wenn er lacht, sieht man alle seine tadellosen weißen Zähne. Ich weiß immer noch nicht, ob ich ihn liebe. Ich fühle mich bedrückt, weil er meinen Unterhalt bezahlt; ich sehne mich nach einem Heim, einem Ehemann und Kindern, wie alle jungen Mädchen das tun. Die Pension liegt am A aboulevard, und oft kommen Clubmitglieder auf einen Sprung herauf, wenn sie in der Gegend sind. Dann trinken wir Kaffee; den kann ich bestellen, ich brauche nur auf einen Knopf zu drücken. Wir reden von Otto Gelsteds Vortrag im Club. Er hatte über das politische Engagement des Schriftstellers gesprochen, und die Diskussion fiel ins Wasser, weil keiner von uns politisch engagiert ist. Morten Nielsen sitzt auf der Kante meiner Couch, er stützt sein großes, kantiges Gesicht in seine Hände wie in ein Nest. Vielleicht, sagt er, sollte man in der Widerstandsbewegung mitmachen. Das finde ich dumm, weil die Übermacht so groß ist, aber ich sage nichts dagegen. Vielleicht hat meines Vaters Abneigung gegen Gott, König und Vaterland auf mich abgefärbt, denn ich bin einfach nicht imstande, die deutschen Soldaten zu hassen, die durch die Straßen trampeln. Ich bin zu sehr mit meinem eigenen Leben, meiner eigenen unsicheren Zukunft beschäftigt, als daß ich in dieser Zeit national denken könnte. Ich vermisse Viggo F. und vergesse, daß es mich krank gemacht hatte, mit ihm in einem Zimmer zu sein. Ich vermisse es, ihm meine Gedichte zu zeigen und beneide die Clubkameraden, die zu ihm gehen und ihm zeigen können, was sie geschrieben haben. Aber der Arzt hat gesagt, ich solle ihn ganz und gar meiden. Eines Tages kommt Ester und erzählt, daß sie versprochen hat, hinauszuziehen und ihm den Haushalt zu führen. Aus der Apotheke, wo sie arbeitete, ist sie entlassen worden, weil sie immer zu spät kam, so paßt ihr das gut. Sie hat einen Roman halb fertig, nun hofft sie Zeit zu haben, ihn zu Ende zu schreiben. Seitdem ich ausgezogen sei, sagt sie, könne Viggo F. es nicht aushalten, allein zu sein.

Gerade einen Monat habe ich in der Pension gewohnt, als eines Nachmittags Piet kommt. Er wirkt aufgekratzt und ein klein wenig nervös. Er gibt mir keinen Kuß wie sonst, sondern setzt sich hin und läßt seinen mit einer silbernen Krücke verzierten Spazierstock, den er sich vor kurzem angeschafft hat, leicht auf den Fußboden trommeln. Ich muß dir etwas sagen, beginnt er und sieht mich mit seinen Rosinenaugen von der Seite an. Er hängt den Stock über die Stuhllehne und reibt sich die Hände, als ob ihm kalt sei oder ihn etwas belustige. Er sagt: Ich bin sicher, daß du das durchstehen wirst, was? Ich verspreche, es durchzustehen, aber sein ganzes Benehmen erschreckt mich und macht mich ängstlich. Er wirkt plötzlich wie ein vollkommen Fremder, als ob er mich niemals in die Arme genommen hätte. Vor einiger Zeit, fährt er rasch fort, habe ich eine junge Dame kennengelernt, bildschön, sehr wohlhabend. Wir haben uns gleich ineinander verliebt, und nun hat sie mich auf das Gut in Jütland eingeladen, das ihrer Familie gehört. Ich fahre morgen, du hast wohl nichts dagegen? Alles um mich herum verschwimmt, was ist nun mit der Miete, was mit unserer Zukunft? Keine Tränen, sagt er und holt mit der Hand zu einer gebieterischen Bewegung aus. Steh das um Gottes willen durch, sagt er. Keiner von uns beiden ist doch gebunden, nicht? Ich bin außerstande zu antworten, aber es ist, als ob die Wände plötzlich nach innen fielen und ich sie abstützen müßte. Ich habe das gleiche entsetzliche Herzklopfen wie damals, als ich es nicht ertragen konnte, mit Viggo F. zusammenzusein. Bevor ich dazu komme, eine Bewegung zu machen oder einen Laut von mir zu geben, ist er draußen, so schnell, als sei er durch die Wand gegangen. Und nun weine ich. Ich werfe mich auf die Couch und schluchze in das Kissen und denke an Nadja und daran, daß ich doch auf ihre Worte hätte hören sollen. Ich kann nicht aufhören zu weinen, habe ich ihn also doch etwas geliebt?

Plötzlich klopft es an die Tür, und Nadja ist da in einem zerknitterten Regenmantel über der langen Hose. Sie setzt sich ruhig zu mir auf die Couch und streicht über mein Haar. Piet meinte, ich sollte nach dir sehen, sagt sie, hör nun auf zu weinen, er ist nicht eine Träne wert. Ich wische mir die Augen und stehe auf. Du hattest recht, sage ich, es war genauso wie bei dir. Und das Durchstehen, fragt sie lachend, solltest du es auch durchstehen? Ich muß auch lachen, und die Welt sieht schon wieder etwas freundlicher aus. Ja, sage ich, durchstehen! Wie ist er komisch. Ja, räumt Nadja ein, aber trotzdem hat er etwas, was Mädchen anzieht, wenn man auch hinterher nicht mehr begreifen kann, was das eigentlich ist. Hinterher muß man nur über ihn lachen. Sie steht da mit einem nachdenklichen Ausdruck in ihrem gutmütigen Gesicht mit den schweren slawischen Zügen. Er schreibt wirklich gute Briefe, ich habe sie alle aufbewahrt. Hat er dir auch geschrie-

ben? Ja, und ob, sage ich und nehme aus der Kom-
modenschublade ein Päckchen Briefe, die ich mit einem roten Bändchen zusammengebunden habe.
Laß mich mal lesen, sagt Nadja, wenn es dir nichts
ausmacht. Ich gebe ihr das Päckchen, und sie liest
ein paar Zeilen aus dem zuoberst liegenden Brief,
wirft den Kopf in den Nacken und lacht, bis es ihr
den Atem verschlägt. O Gott, sagt sie und liest: Liebes Mädchentier, du bist das einzige Mädchen, das
ich mir als meine Frau vorstellen kann. Das ist völlig
irre, sagt sie japsend, das ist haargenau dasselbe,
was er mir geschrieben hat. Sie liest weiter und will
wetten, daß es derselbe Brief ist, den sie bei sich zu
Hause liegen hat. Sie zieht die Beine hoch, das
unordentliche Haar fällt ihr in die Stirn. Weißt du
was, sagt sie, er hat sie sicher irgendwo vervielfälti-
gen lassen. Der Himmel mag wissen, wie viele Mäd-
chentiere er in allen möglichen Gegenden sitzen
hat. Wenn er die Dame von dem Gut verläßt,
schickt er dich zu ihr, um sie zu trösten. Ich werde
wieder ernst und mache Nadja klar, daß ich hier
nicht wohnen bleiben kann, weil es mir zu teuer ist
und ich nicht eine Krone besitze. Sie macht denselben Vorschlag wie Piet: Ich solle versuchen, meine
Gedichte unterzubringen, denn sie findet es auch zu
trist, wieder ins Büro zu gehen. Ich würde an deiner
Stelle zum »Röde Aftenblad« gehen, sagt sie, da ist
Piet einen Haufen Gedichte losgeworden, alle, die
sie ihm bei »Politiken« nicht abnehmen wollten.
Nun mußt du eben von dem leben, was du schreibst.
Daß einen jemand versorgt, dauert meist nicht lange, du mußt selbst etwas haben.
Schon am nächsten Tag gehe ich mit drei Gedichten
in die Redaktion. Man schickt mich zu dem Redak-

teur hinein, einem alten Mann mit gewaltigem wei-
ßem Vollbart. Während er meine Gedichte liest,
tätschelt er mir den Hintern, geistesabwesend und
mechanisch. Die sind gut, sagt er, Sie können sich
draußen an der Kasse dreißig Kronen geben lassen.
Von da an liefere ich Gedichte für die Beilage von
»Politiken« und an »Hjemmet«, und ich schreibe einen Beitrag über den »Club Junger Künstler« für
»Ekstrabladet«. So kann ich es mir leisten, in der
Pension wohnen zu bleiben. Von Ester erfahre ich,
wie sehr mich Viggo F. vermißt, sie muß mit ihm jeden Abend ein paar Stunden reden, bevor er ins
Bett geht. Ich bitte sie, ihn zu fragen, ob er mich
nicht mal sehen will, aber das will er nicht. Er will
nicht einmal, daß sie von mir spricht. Ich vermisse
ihn mehr als Piet Hein, und abgesehen von den gele-
gentlichen Besuchen meiner Clubkameraden sehe
ich keinen Menschen.
Eines Abends kommt Nadja, die wie immer so angezogen ist, als ob sie im letzten Augenblick aus einem brennenden Haus entkommen sei. Du müßtest
einen Bekanntenkreis haben, sagt sie, du bist so
schrecklich allein in der Welt. Draußen am Südhafen kenne ich ein paar junge Leute, die sind ganz
versessen darauf, deine Bekanntschaft zu machen.
Es sind Studenten, die alle aus Höng sind. Sonnabend wollen sie ein Faschingsfest geben, willst du
nicht mitkommen? Der Netteste ist der Sohn des Di-
rektors vom Hönger Gymnasium, er heißt Ebbe und
sieht haargenau so aus wie Leslie Howard. Er ist
fünfundzwanzig und studiert Volkswirtschaft, wenn
er nicht gerade trinkt. Ich war schon mal wahnsinnig
in ihn verliebt, aber das hat er nicht mal gemerkt. Er
schwärmt für den poetischen Typ, Mädchen wie

dich mit langem blondem Haar. Na hör mal, sage ich
vergnügt, willst du dir einen Kuppelpelz verdienen?
Ich sage zu für Sonnabend, denn es ist wahr, ich
möchte gern mit jungen Menschen zusammenkom-
men, die etwas anderes tun als zu schreiben. Zufrieden packe ich mein Bettzeug auf die Couch und gehe schlafen, mit dem leisen Verlangen, im Arm eines andern zu liegen. Ich denke an diesen Ebbe, bis
ich einschlafe. Wie er wohl aussieht? Ob ich wirklich
sein Typ bin? Die Straßenbahn fährt laut quiet-
schend durch die Dunkelheit, als führe sie quer
durch mein Zimmer. Es sitzen Menschen darin, die
auf dem Wege zu irgendeinem Vergnügen sind,
ganz gewöhnliche Menschen, die zwischen Abend
und Morgen Tolles erleben werden, bis sie wieder
aufstehen und zur Arbeit gehen müssen. Abgesehen
davon, daß ich mein Brot mit Schreiben verdiene,
bin ich auch ein ganz gewöhnlicher Mensch und
träume von einem ganz gewöhnlichen jungen
Mann, der für Mädchen mit langem blondem Haar
schwärmt.

5

Auf dem Weg zum Südhafen erzählt Nadja mir etwas über den »Lichtkreis«, wie die sich nennen, sie weiß auch nicht warum. Sie haben alle auf dem Gymnasium in Höng Abitur gemacht und sind zum Studium nach Kopenhagen gekommen, aber sie tun alle kaum etwas anderes, als sich miteinander zu betrinken und hinterher verkatert herumzuliegen. Wir radeln gegen den Wind, es regnet und ist ziemlich kalt. Ich bin als Schulmädchen kostümiert mit kurzem Kleid, Haarschleife, Kniestrümpfen und flachen Schuhen. Über das Kleid habe ich einen Wollpullover gezogen, darüber einen Popelinemantel, ebenso wie Nadja, ein rotes Tuch um den Hals mit den Zipfeln nach hinten gilt als flott in diesem Jahr. Nadja geht als Apachenmädchen, die lange schwarze Seidenhose weht mit hartem Knall gegen den Kettenschutz an ihrem Rad. Sie erzählt mir, die Mitglieder des Kreises seien in jeder Hinsicht sehr frei. Sie seien alle arm und bekämen von zu Hause nur wenig Geld. Das Fest solle bei Ole und Lise steigen, die seien verheiratet und hätten ein kleines Kind. Ole werde Architekt, und Lise gehe ins Büro, auf das Kind passe ihre Mutter auf, die sei Witwe und wohne neben ihnen. Sie lebten weitgehend von Pilzen, die sie nebenan auf einem Schuttplatz suchten. Weiter erzählt sie, zu dem Fest sollten alle etwas mitbringen, aber die Mädchen brauchten das nicht. In den Kreis werde kein Mann mehr aufgenommen, aber für Mädchen hätten sie immer Verwendung. Als wir ankommen, sitzen alle um den Tisch in einem großen hellen Zimmer mit schönen alten Möbeln. Sie essen belegte Brote, die meisten mit einer Art Salat aus

Mohrrüben, damals als »Ramona« bekannt, die Farbe sieht ziemlich giftig aus. Dazu trinken sie »Pullimut«, eine Art Punsch, das einzige, was zu haben ist. Die Stimmung schlägt schon hohe Wogen, alle schreien durcheinander. Ich begrüße Lise, ein bildschönes zartes Mädchen mit einem Madonnengesicht. Sie heißt mich willkommen, und dann wird ein selbstverfaßtes Lied gesungen mit unverständlichen Anspielungen auf alle Anwesenden. Ole steht auf und hält eine Rede. Er hat ein flaches, dunkles, unendlich langes Gesicht mit zwei tiefen Furchen von der Nase zum Mund, die ihn viel älter machen als er ist. Er zieht andauernd seine Hose hoch, als ob sie ihm zu weit sei, und er ist nicht kostümiert wie die andern. Er sagt, sie seien stolz, eine Dichterin bei sich begrüßen zu dürfen, und er bedauert, daß Ebbe mit 39 Grad Fieber bei seiner Mutter zu Hause im Bett liege. Er habe im letzten Augenblick eine Grippe gekriegt. Nachher wird der Tisch beiseite gerückt, Nadja und Lise tragen das Geschirr nach draußen. Das Grammophon wird in Gang gesetzt, und wir fangen an zu tanzen. Ich tanze mit Ole, er beugt sich über mich, zieht seine Hose hoch, grinst verlegen und schlägt vor, daß er hinübergehen und Ebbe holen wolle. Ebbe wohne auf der andern Seite des Hofes und – sagt Ole – habe sich so gefreut, mich zu treffen. So ein bißchen Fieber, meint er, das mache doch nichts. Er geht mit noch einem andern hinaus in die Dunkelheit, um Ebbe zu holen. Die Stimmung ist schon recht gelockert, alle sind etwas beschwipst. Lise fragt mich, ob ich den Kleinen sehen will, und wir gehen ins Kinderzimmer. Der Junge ist sechs Monate alt, und ich habe einen kleinen Anfall von Neid, als ich zusehe, wie sie ihn stillt. Sie ist nicht älter als ich, und ich habe das Gefühl, ich hätte die Zeit vergeudet, weil ich noch kein Kind habe. Der Junge hat im Nacken, gleich unter dem Haaransatz, eine kleine schattenhafte Vertiefung, die sich beim Trinken rhythmisch bewegt. Plötzlich geht die Tür auf: Ole steht da und fährt sich durch das schwarze lockige Haar. Ebbe ist da, sagt er, willst du ihm nicht guten Tag sagen, Tove? Ich gehe mit ihm hinüber ins Wohnzimmer, wo der Lärm jetzt ohrenbetäubend ist. Im Kronleuchter steckt die Hülle einer Grammophonplatte, Papierschlangen in allen Farben hängen an den Möbeln, um die Schultern und im Haar der Tanzenden. Mittendrin steht ein junger Mann in Bademantel, gestreiftem Pyjama und mit einem riesigen Wollschal, der dick um seinen Hals gewickelt ist. Das ist Ebbe, sagt Ole stolz, und ich drücke seine Hand, die schweißnaß ist vor Fieber. Er hat ein weiches, sanftes Gesicht mit feinen Zügen. Ich entnehme aus allem, daß er der Mittelpunkt dieses Kreises ist. Willkommen im Lichtkreis, sagt er, ich hoffe . . . Er sieht sich hilflos um und verliert den Faden. Ole schlägt ihn auf die Schulter. Willst du nicht mit Tove tanzen? fragt er. Ebbe sieht mich einen Augenblick an mit seinen schrägstehenden Augen. Dann macht er eine abwehrende Handbewegung und sagt auf deutsch: Die Sterne, die begehrt man nicht. Bravo, schreit Ole, darauf wäre niemand anders gekommen. Ebbe tanzt trotzdem mit mir. Seine heiße Wange sucht meine, und unsere Schritte werden unsicher. Die andern bilden plötzlich einen Kreis um ihn, reichen ihm ein Glas, zupfen an seinem Bademantel, fragen, wie es ihm geht. Ein anderer junger Mann tanzt mit mir weiter, und einen Augenblick lang verliere ich Ebbe aus den Augen. Das Grammophon dröhnt, in der Ecke sitzt Ole und preßt sein Ohr gegen einen selbstgebastelten Lautsprecher, um die BBC-Sendung zu hören. Nun sind alle richtig betrunken, einigen wird übel. Nadja nimmt sie am Arm, bringt sie in die Toilette und hält ihnen den Kopf, wenn sie sich übergeben müssen. Das tut sie gern, sagt Lise lachend. Sie trägt ein Colombinenkostüm, man sieht ihren großen, festen Busen unter all den Volants. Ich überlege, ob es wohl stimmt, daß man vom Stillen eine schöne Brust bekommt. Ich tanze wieder mit Ebbe, der doch die Sterne begehrt, denn er schlägt vor, wir sollten ins andere Zimmer gehen, um uns auszuruhen. Wir legen uns auf ein Bett, und er umarmt mich, als ob das in dem Kreis so üblich wäre, ohne alle Einleitungsmanöver. Ich fühle mich zum erstenmal in meinem Leben glücklich und verliebt. Ich streiche über sein kräftiges braunes, im Nacken lockiges Haar und sehe in seine eigenartig schrägstehenden Augen, deren Blau braun gesprenkelt ist. Er sagt, das komme daher, daß seine Mutter braune Augen habe, die schlügen immer irgendwie durch. Er fragt, ob er mich in der Pension besuchen dürfe, und ich sage ja. Er langt zum Fußboden nach der Flasche, die er mitgenommen hat, und wir trinken beide daraus. Wir schlafen ein. Früh am Morgen wache ich auf und kann nicht verstehen, wo ich bin. Ebbe schläft noch, seine kurzen, gebogenen Augenwimpern kratzen leicht auf dem Kopfkissen. Plötzlich sehe ich ein anderes Paar auf einem ausgezogenen Kinderbett an der andern Wand. Sie halten einander im Schlaf umarmt, ich kann mich nicht darauf besinnen, sie am Abend vorher gesehen zu haben. Auf dem Fußboden liegt ein Haufen bunter Faschingskleider. Ich stehe vorsichtig auf und gehe ins Wohnzimmer, das wie ein Schlachtfeld aussieht. Nadja geht schon umher und räumt auf. Sie wischt das

Erbrochene in den Ecken auf und sagt vergnügt: Dieser verdammte Pullimut, den kann niemand vertragen. Ist er nicht nett? Ich meine Ebbe. Das ist doch ein anderer Schlag als der Dummkopf von Piet. Im Kinderzimmer sitzt Lise und stillt. Nimm dich vor Ebbe in acht, sagt sie, er ist ein Herzensbrecher.

Ich ziehe meinen Popelinemantel an, binde das rote Halstuch um und gehe wieder hinein, um Ebbe auf Wiedersehen zu sagen. O Gott, mein Schädel, stöhnt er, sobald ich diese Grippe los bin, komme ich und besuche dich. Bist du ein kleines bißchen in mich verliebt? Ja, sage ich, und er entschuldigt sich, daß er mich nicht begleiten könne. Ich sehe, daß er vor Fieber glüht, und sage, es mache nichts. So fahre ich allein auf dem Rad nach Hause. Es ist noch nicht richtig hell. Die Vögel zwitschern, als ob schon Frühling sei, und ich denke ganz glücklich daran, daß ein Student in mich verliebt ist. Ich habe ein vages Gefühl, als sei das so eine Art Lebensstellung.

Nachdem Ebbe wieder gesund ist, fängt er an, jeden Abend zu mir zu kommen, und ich gehe nicht zu den Clubabenden, weil ich seinen Besuch nicht verpassen will. Er bleibt niemals über Nacht, denn er hat etwas Angst vor seiner Mutter. Sie ist die Witwe eines Gymnasialdirektors. Ebbe hat noch einen älteren Bruder, der auch zu Hause wohnt und es nicht fertigbringt, auszuziehen, obwohl er schon achtundzwanzig ist. Wenn Ebbe geht, wickelt er seinen Schal so oft um den Hals, daß er bis zur Nasenspitze reicht, es ist ein beißend kalter Winter. Ich kriege Wollfusseln in den Mund, wenn er mich zum Abschied küßt. Ich bin jetzt ziemlich oft draußen bei Lise und Ole, und ich besuche auch Ebbes Mutter. Sie ist klein und alt und spricht immer so, als ob sie von einem Unglück berichte. Seit dem Tod meines Mannes, sagt sie, habe ich nur noch meine beiden Jungen. Dabei sieht sie mich an mit ihren lebhaften schwarzen Augen und hat sicher Angst, daß ich ihr den einen Jungen wegnehme. Ebbes Bruder heißt Karsten. Er studiert Technik und denkt immer darüber nach, wie er es fertigbringen soll, zu sagen, daß er ausziehen möchte. Er wagt es nicht. Ebbes Mutter ist die Tochter eines grundtvigianischen Pastors; sie fragt mich, ob ich an Gott glaube. Als ich nein sage, guckt sie mich betrübt an und sagt: Ebbe auch nicht, wenn ihr doch nur eure Seelen dem Herrn zuwenden könntet. Ebbe sieht verlegen aus, wenn sie so etwas sagt.

Wenn Ebbe und ich miteinander schlafen, nimmt er sich niemals in acht. Ich habe ihm gesagt, ich hätte gern ein Kind und könnte auch dafür aufkommen. Jeden Monat mache ich ein rotes Kreuz in meinen Kalenderblock, aber die Zeit vergeht, und es passiert nichts. Dann kommt mein Roman heraus, und am nächsten Morgen kommt meine Wirtin mit »Politiken« angerannt. Sie sind heute in der Zeitung, sagt sie atemlos, etwas mit einem Buch, lesen Sie mal. Ich schlage die Zeitung auf und traue meinen Augen nicht. Am besten Platz, gleich neben der Rubrik »Von Tag zu Tag«, steht Frederik Schybergs Besprechung in zwei Spalten unter der Überschrift »Raffinierte Unschuld«. Das ist eine begeisterte Besprechung, und mir wird ganz schwindlig vor Freude. Etwas später kommt ein Telegramm von Morten: Gelobt sei Schyberg und das wahre Genie. Im Lauf des Tages kommt er selbst. Während wir Kaffee trinken, sagt er, im Club werde getratscht, ich hätte Viggo F. eine Zeitlang ganz schön ausgenutzt, aber ihn im Stich gelassen, als ich allein fertigwerden konnte. Ich sage zu

Morten, da sei etwas dran, aber trotzdem kränkt es mich ein bißchen, weil es nicht die ganze Wahrheit ist. Am Tag darauf steht ein »Gruk« in »Politiken«. Der geht so:

> Ich ziehe nicht meinen Dichterhut
> vor einer Tove, die irgendwas tut,
> doch hier juble ich – ohne Neid.
> Solch ein Debut ganz ohne Debatte,
> solch ein Erfolg, daß ich Angst fast hatte,
> man tät einem Kind was zuleid.

Piet denkt also anscheinend immer noch etwas an sein Mädchentier, wenn er auch seine Rittergutsdame geheiratet hat und nicht mehr in den Club kommt. Doch dann vergesse ich alles, denn ich bin ein paar Tage überfällig. Ich bespreche das mit Lise. Sie rät mir, zum Arzt zu gehen und eine Urinprobe machen zu lassen. Der Arzt will anrufen, sobald das Resultat vorliegt, und in den nächsten drei Tagen weiche ich nicht vom Telefon. Endlich meldet er sich und sagt mit ganz alltäglicher Stimme: Das Ergebnis ist positiv. Ich bekomme ein Kind. Das ist nicht zu fassen. Ein Klümpchen Schleim tief drinnen in mir wird sich ausdehnen, es wird von Tag zu Tag wachsen, bis ich dick und unförmig bin wie Rapunzel in meiner Kinderzeit. Ebbe ist über den Gang der Dinge nicht annähernd so glücklich wie ich. Dann müssen wir ja heiraten, sagt er, und ich muß es auch meiner Mutter beibringen. Ich frage, ob er etwas dagegen hat, daß wir heiraten, und er sagt nein. Nur daß wir so jung sind und keine Wohnung haben. Seine Augen bekommen einen ganz hilflosen Ausdruck beim Gedanken an all die Veränderungen, und ich küsse seinen hübschen weichen Mund. Ich fühle mich jetzt stark genug für drei. Da fällt mir ein, daß ich noch nicht einmal geschieden bin, und ich schreibe einen netten Brief an Viggo F., ich bäte ihn um die Scheidung, weil ich ein Kind erwartete. Er antwortet gekränkt: Ich kann nur sagen pfui Teufel. Geh zu einem Anwalt und bring das in Ordnung, je eher desto besser. Als ich Ebbe den Brief zeige, sagt er: Wie lächerlich er ist, was hast du eigentlich an ihm gefunden?

In der nächsten Zeit ist Ebbe oft betrunken, wenn er zu mir herauskommt. Er wickelt seinen Schal mit steifen Bewegungen ab, und die Zunge gehorcht ihm nicht, wenn er etwas sagen will. Ich tauge nichts, sagt er, du hast einen besseren Mann verdient. Ich habe immer noch nicht gewagt, mit meiner Mutter darüber zu reden. Endlich rafft er sich auf und sagt es. Seine Mutter weint wie über ein Unglück und sagt, nun habe sie nichts mehr, wofür sie lebe. Lise sagt, Ebbe könne die Tränen und Vorwürfe einfach nicht mehr aushalten. Sie sagt, er sei ein guter, aber schwacher Mensch, in dieser Ehe müsse ich die Hosen anhaben. Obgleich mich das wenig berührt, mag ich es doch nicht so gern hören. Außerdem ist mir übel, ich muß mich jeden Morgen übergeben. Nadja besucht mich und nennt die Dinge noch deutlicher beim Namen. Ebbe ist versoffen, sagt sie, und bringt absolut nichts zustande. Er ist furchtbar nett, aber ich sehe es schon kommen, daß er dir auf der Tasche liegt.

6

Wir ziehen zusammen in ein Zimmer bei Ebbes Mutter, bis die Scheidung ausgesprochen ist, denn wir wollen am liebsten die ganze Zeit beieinander sein. Vormittags ist Ebbe bei der Preisüberwachungsstelle, wo so viele Studenten die Zeit totschlagen und sich etwas Taschengeld verdienen. Er sitzt zusammen mit einem andern Studenten, Victor. Ebbe hat unzählige Freunde, ich kenne sie längst noch nicht alle. Wenn er und Victor morgens ankommen, singen sie den Choral des Tages von einem Gesangbuchblatt, aus dem sie nachher Zigaretten rollen. Es ist recht schwierig, an Tabak zu kommen, und manchmal rollen sie ihre Zigaretten mit Tee-Ersatz. Ich schreibe indessen an meinem nächsten Roman. Das Manuskript einer Gedichtsammlung habe ich gerade zum Druck gegeben, sie soll *Kleine Welt* heißen. Den Titel hat Ebbe vorgeschlagen. Er interessiert sich sehr für meine Arbeit. Er hätte gern Literatur studiert, aber sein Vater, der vor zwei Jahren gestorben ist, hatte gesagt, das sei eine brotlose Kunst, und so studiert er Volkswirtschaft, was ihn überhaupt nicht interessiert. Literatur dagegen liebt er, und wenn wir nicht gerade miteinander reden, liest er Romane. Er macht mich auf Bücher aufmerksam, die ich bisher nicht kannte. Nachmittags, wenn er nach Hause kommt, will er immer sehen, was ich geschrieben habe. Seine Kritik ist immer sinnvoll, und ich richte mich danach. Von meiner Familie sehe ich in dieser Zeit nicht viel. Mein Bruder wohnt mit einer geschiedenen Frau zusammen, die ein dreijähriges Kind hat. Ebbe und ich waren einmal bei ihnen, aber mein Bruder und Ebbe hatten einan-

der nicht viel zu sagen. Ebbe ist Akademikersohn aus
einer Kleinstadt, und Edvin ist ein Kopenhagener
Malergeselle, der jeden Tag Celluloselack in seine
ramponierte Lunge einatmet, weil es für ihn keine andere Möglichkeit gibt. Auch die Welt meiner Eltern
ist von der Ebbes weit entfernt. Er spricht mit meinem
Vater über Bücher und mit meiner Mutter über mich,
gerade so wie Viggo F. Trotzdem ist nichts Herablas-
sendes in seiner Haltung ihnen gegenüber. Wenn wir
mit seiner Mutter und Karsten abends gegessen haben, legen wir uns auf das Bett in unserem Zimmer
und reden von der Zukunft, von dem Kind, das wir bekommen, über das Leben überhaupt, von der Zeit,
bevor wir uns kennengelernt haben. Ebbe liebt Themen von einem gewissermaßen unerschöpflichen
Charakter. Er hat z. B. eine Theorie, warum Neger
schwarz sind, und eine andere, warum Juden gebogene Nasen haben. Einmal stützt er sich auf den Ellbogen und sieht mir ins Gesicht, wobei seine engstehen-
den Augen einen Ausdruck moralischer Intensität
annehmen. Vielleicht, sagt er ernst, müßte man in die
Widerstandsbewegung gehen. Nachdem Frankreich
kapituliert hat, ist die Lage ja nicht besonders. Ich sage, das könne er denen überlassen, die nicht an Frau
und Kind zu denken hätten, und damit scheint er die
Sache wieder zu vergessen. Mir geht es gut in dieser
Zeit. Ich werde heiraten und bekomme ein Kind, ich
habe einen jungen Mann, den ich liebe, und bald werden wir eine eigene Wohnung haben. Ich sage zu Ebbe, daß ich mich nie von ihm scheiden lassen werde,
daß ich es nicht aushalten kann, wenn das Leben so
kompliziert ist, wie es noch vor kurzem war. Er faßt
mich unters Kinn und küßt mich. Vielleicht, sagt er,
bist du selbst kompliziert, so wird dein Leben es eben
auch.

Endlich ist die Scheidung ausgesprochen, und wir
mieten eine Wohnung am Tartinivej in der Nähe von
Lise und Ole und Ebbes Mutter. Der Südhafen liegt
am Ende des langen Enghavevejs wie der Nagel an einem Finger. Die Gegend wird auch das Musikviertel
genannt, weil alle Straßen nach Komponisten be-
nannt sind. Die Häuser sind nicht besonders hoch, die
meisten haben kleine Vorgärten mit Gras und Bäumen. Zwischen dem letzten Weg und dem offenen
Land liegt ein Abfallplatz, von da zieht bei einer bestimmten Windrichtung solch ein Gestank auf die
Wohnungen zu, daß man kein Fenster öffnen kann.
Lises und Oles Wohnung am Wagnersvej gegenüber
liegen etliche Gartenlauben, in denen viele Menschen das ganze Jahr über wohnen. Eine der Frauen
aus einer Laube kommt zum Reinmachen zu Lise,
und jeden Sonnabend steckt Lise deren fünf Kinder in
die Badewanne und scheuert und schrubbt sie ab, das
Gebrüll ist in der ganzen Wohnung zu hören. So etwas
tut Lise ganz selbstverständlich, sie erinnert mich darin sehr an Nadja. Nadja wohnt jetzt mit einem Seemann zusammen, einem Kommunisten, und man
hört von ihr nur noch kommunistische Ansichten,
während sie zu Piets Zeiten ziemlich rechtsorientiert
war. Das alles weiß ich von Ebbe, denn ich gehe
abends nicht mehr aus, weil ich infolge der Schwangerschaft immer schon um acht Uhr müde bin. Die
neue Wohnung hat anderthalb Zimmer. In dem halben nimmt unser Doppelbett fast den ganzen Platz
ein. Wir haben es von Ebbes Mutter bekommen. In
der andern Stube stehen der Schreibtisch von Ebbes
Vater, ein Eßtisch, den wir gebraucht gekauft haben,
vier quadratische Stühle, die Lise uns überlassen hat,
und eine Couch an der einen Wand. Auf die Couch le-

gen wir eine braune Decke, und in einem Augenblick
der Eingebung hängt Ebbe eine zweite braune Decke
an die Wand dahinter. Lise schenkt ihm ein Stückchen
roten Filz, daraus schneidet er ein Herz. Er klebt es
auf den Wandbehang, geht einen Schritt zurück und
bewundert sein Werk. In unserer Wohnung, sagt er
stolz, soll niemals gesoffen werden. Aus Rücksicht
auf seine Mutter wollen wir nicht in die Wohnung ein-
ziehen, bevor wir verheiratet sind, sie könnte sonst
meinen, unsere Sündhaftigkeit werde zu offenkun-
dig.
Die Trauung ist auf einen der ersten Augusttage ange-
setzt. Wir halten uns bei den Händen, während wir
zum Rathaus radeln. Wir sind zu früh da und gehen
auf eine Tasse Kaffee hinüber ins Frascati. Während
wir den Kaffee trinken, betrachte ich Ebbes Gesicht,
es hat für mich etwas Weiches und Unschuldiges, fast
Wehrloses, das weckt in mir das Gefühl, ihn beschützen zu müssen. Plötzlich sage ich: Was hast du bloß für
eine lange Oberlippe. Ich will ihn damit nicht ärgern.
Aber er sieht mich kampfbereit an und sagt: Die ist
nicht länger als deine. Meine ist gar nicht lang, sage ich
gekränkt. Deine geht fast über das ganze Gesicht. Er
kriegt einen roten Kopf vor Wut. An meinem Aussehen kannst du wirklich nichts auszusetzen haben, sagt
er, die Mädchen in der Schule waren ganz wild auf
mich, und Lise hat Ole bloß genommen, weil sie mich
nicht kriegen konnte. Wie bist du bloß eingebildet, sage ich hitzig und wundere mich: Wir streiten uns ja,
das haben wir bis jetzt noch nie getan. Schweigend bezahlt er den Kaffee. Die Ärmel seines dunklen Anzu-
ges sind zu lang, er hat ihn für diesen Tag von seinem
Bruder geliehen. Die Mitglieder des Lichtkreises gehen nicht nur schäbig angezogen, weil sie arm sind,

sondern sie halten es auch für lächerlich, sich bürgerlich zu kleiden. Ebbe fährt mit dem Zeigefinger in seinem steifen Kragen, der ihm auch noch zu groß ist, rund um den Hals und geht mit langen Schritten voraus. Als wir ohne ein Wort zu reden vor dem Rathaus angekommen sind, reckt er sich und wirft das Haar mit einer Kopfbewegung zurück. Wenn du nicht, sagt er drohend, das mit der Oberlippe zurücknimmst, heirate ich dich überhaupt nicht. Da muß ich lachen. Nein, sage ich, das ist zu blöd. Wollen wir uns im vollen Ernst darüber verkrachen, wessen Oberlippe länger ist? Meinetwegen ist es meine. Ich ziehe sie über die Unterlippe und versuche draufzuschielen. Die ist mindestens einen Kilometer lang, nun komm schon. Heiraten müssen wir ja doch.

Das geschieht also. Wir ziehen in die neue Wohnung, und wir engagieren eine Frau zum Reinmachen, denn ich verdiene neuerdings viel Geld. Sie heißt Frau Hansen, und als sie sich vorstellt, fragt Ebbe nachdrücklich: Können Sie auch Mohrrüben reiben? Das könne sie wohl noch schaffen, meint sie. Mohrrüben sind nämlich sehr gesund, erklärt er ihr, das ist jetzt besonders wichtig, weil man so vieles nicht kriegt. Jetzt lacht sie jedesmal, wenn sie daran denkt, weil sie noch niemals eine Mohrrübe im Hause gesehen hat. Die Tage rasen dahin wie ein Trommelwirbel vor einer Solonummer. Ich lese Bücher über Schwangerschaft, Mutterschaft und Säuglingspflege, und ich kann nicht verstehen, daß Ebbe sich nicht ebenso für das alles interessiert wie ich. Er sagt, es sei unwirklich für ihn, Vater zu werden. Es ist auch unwirklich für ihn, wenn er meinen Namen in der Zeitung liest. Er kann nicht begreifen, daß er mit jemand Berühmtem verheiratet ist, und er weiß nicht, ob er sich darüber freuen soll. Abends sitzt er da und löst Gleichungen, wobei er sich eine Haarsträhne um den Finger wickelt. Er freut sich, wenn er die Lösung gefunden hat und meint, er hätte eigentlich Mathematik studieren sollen. Ich erzähle ihm, daß Geert Jörgensen damals gesagt hat, kein normaler Mann könne sich jemals zu mir hingezogen fühlen. Wer ist schon normal? sagt er und klopft seine Taschen ab nach seiner Brieftasche oder seinem Tabaksbeutel oder seinen Schlüsseln. Er ist furchtbar zerstreut und läßt seine Sachen oft liegen. Er geht immer mit leicht zurückgelegtem Kopf, als ob er sich mit seinem Blick irgendwo festhielte, und mit der Nase in der Luft, so daß er über alles stolpert, was im Wege liegt. Er ist oft bei Lise und Ole, trinkt da, kommt betrunken nach Hause und weckt mich mitten in der Nacht. Dann bin ich ärgerlich und will nichts von ihm wissen, denn ich brauche in dieser Zeit meinen Schlaf. Am nächsten Morgen entschuldigt er sich dann immer. Gelegentlich gehe ich nach Hause zu meiner Mutter, oder sie besucht mich. Ich rede mit ihr über Geburten, und sie sagt, Edvin und ich seien in einer Wolke von Seifenschaum zur Welt gekommen, weil sie versucht habe, uns dadurch abzutreiben, daß sie grüne Seife aß. Ich habe Kinder nie gemocht, sagt sie.

Die Tage gehen dahin, die Wochen, die Monate. Ich werde in Doktor Aagaards Privatklinik am Hauserplads entbinden, und ich gehe mehrmals zu ihm, um mich untersuchen zu lassen. Er ist ein netter älterer Mann, er beruhigt mich wegen meiner vielen Befürchtungen in bezug auf die Geburt. Ich soll in die Klinik kommen, sobald die Abstände zwischen den Wehen fünf Minuten dauern. Aber der angenommene Zeitpunkt der Geburt verstreicht, ohne daß das

Mindeste geschieht. Ich habe mir einen Seehund-
mantel gekauft, und ich versetze die Knöpfe daran immer noch einmal, bis sie vom Rand des Pelzes bau-
meln. Ebbe muß meine Schuhe zuschnüren, denn ich
kann nicht so weit nach unten langen. Ich glaube, ich
habe noch nie eine Schwangere gesehen, die so dick
war wie ich. Allmählich habe ich Angst, daß ich ein
Riesenbaby mit Wasserkopf kriege. Irgendwo habe
ich so etwas gelesen. Ich hole mir oft Lises kleinen
Kim und gehe mit ihm spazieren. Er ist freundlich und
lacht meistens, ich denke an Nis Petersens Gedicht:
Ich sammle das Lächeln kleiner Kinder. Mittendrin
werde ich von Karl Bjarnhof für »Social-Demokraten« interviewt. Ich bin erschrocken, als ich die Überschrift sehe. Da steht in dicken Buchstaben: Ich wünsche mir Geld, Macht und Ruhm. Hab ich das wirklich
gesagt? Was kann ich denn mit Macht anfangen? Das
ganze Interview läßt mich in einem unangenehmen
Licht erscheinen. Ich werde dargestellt als eine eitle,
ehrgeizige, oberflächliche Person, die nichts im Kop-
fe hat als sich selbst. Sonst haben mich die Journali-
sten immer nett behandelt, und ich muß darüber
nachdenken, was ich Karl Bjarnhof getan haben
kann. Da fällt mir ein, daß er einer von Viggo F.s
Freunden ist, vielleicht nimmt er es mir übel, daß ich
Viggo F. verlassen habe.
Es ist ein strenger Winter, auf den Straßen ist es glatt.
Ich warte ungeduldig auf die Wehen, und um sie her-
vorzurufen, laufe ich, sobald es dunkel ist, Arm in
Arm mit Ebbe rund um den Block, bis ich außer Atem
bin. Es kommt nichts weiter dabei heraus, als daß ich
die Knöpfe vom Pelzmantel verliere. An einem Vormittag bekomme ich endlich Leibschmerzen, und ich
frage Frau Hansen, ob das wohl Wehen sein können.

Sie meint ja, und im Lauf des Tages wird es schlimmer. Ebbe hält mir die Hände, wenn die Anfälle kommen. Am Abend gehen wir in die Klinik, und er nimmt Abschied von mir mit einem langen, hilflosen Blick.

Aber sie ist ja häßlich, sage ich verblüfft und betrachte das kleine Bündel Mensch, das man mir in den Arm gelegt hat. Ihr Gesicht ist birnenförmig, an den Schläfen hat sie zwei Vertiefungen von der Zange. Sie hat nicht ein einziges Haar auf dem Kopf. Der Arzt lacht: Das kommt Ihnen nur so vor, weil Sie noch kein Neugeborenes gesehen haben, sagt er. Sie sind niemals hübsch, wenn sich das die meisten Mütter auch einbilden. Nun muß ich aber Ihren Mann rufen. Ebbe kommt herein mit einem Rosenstrauß in der Hand. Er trägt ihn verlegen, und plötzlich wird mir bewußt, daß er mir noch niemals etwas geschenkt hat. Er setzt sich neben mich und guckt in das Körbchen, in das die Kleine wieder gelegt worden ist. Ein bißchen pausbäckig ist sie ja, sagt er, und ich bin tief beleidigt. Ist das alles, was du zu sagen weißt? sage ich. Die Geburt hat vierundzwanzig Stunden gedauert, und ich habe geschworen, daß ich keine Kinder mehr haben will. Ich habe vor Schmerz geschrien, und nun ist alles, was du zu sagen weißt, daß sie pausbäckig ist. Ebbe sieht schuldbewußt aus und macht es noch schlimmer, als er sagt, vielleicht wachse sie sich ja noch zurecht. Dann fragt er, wann ich nach Hause komme, weil er mich so vermißt. Ich beuge mich über das Körbchen und fasse die klitzekleinen Finger an. Nun sind wir Vater, Mutter und Kind, sage ich, eine ganz alltägliche, normale Familie. Warum, fragt Ebbe verwundert, willst du so gern alltäglich und normal sein? Es ist doch eine unbestreitbare Tatsache, daß du es nicht bist. Darauf kann ich ihm keine Antwort geben, aber ich habe es mir gewünscht, solange ich denken kann.

7

Es ist etwas Schreckliches geschehen. Seit Helles Geburt ist mir alle Lust vergangen, mit Ebbe ins Bett zu gehen, und wenn ich es doch tue, fühle ich absolut nichts dabei. Ich spreche mit Doktor Aagaard darüber, und er sagt, das sei nicht ungewöhnlich. Ich sei davon überanstrengt, das Kind zu nähren und zu versorgen und daneben wie eine Wilde zu arbeiten, so bleibe für Ebbe nichts übrig. Aber Ebbe ist unglücklich darüber, denn er glaubt, es sei seine Schuld. Er bespricht das mit Ole, und der rät ihm, van de Veldes *Vollkommene Ehe* zu kaufen. Das tut er und liest das Buch mit roten Ohren, denn es ist die pornographische Bibel dieser Jahre. Er liest die Beschreibung aller Stellungen, und er probiert jeden Abend eine neue aus. Morgens sind wir beide immer ganz zerschlagen von den akrobatischen Übungen, und es kommt nichts weiter dabei heraus. Ich rede mit Lise über das Problem, und sie vertraut mir an, daß es bei ihr gerade umgekehrt gewesen sei. Sie habe erst Geschmack an der Sache gefunden, als sie Kim bekommen hatte. Sie sieht mich nachdenklich an mit ihren sanften Madonnenaugen: Wie wäre es mit einem Liebhaber? fragt sie. Das bringt zwei Menschen manchmal wieder zusammen, wenn der eine jemand andern hat. Sie hat selbst einen Geliebten, er ist Jurist beim Polizeipräsidium, und sie laufen jeden Tag stundenlang zwischen den Säulen des Gebäudes umher, während sie Ole glauben läßt, sie mache Überstunden. Ole weiß das und weiß es auch wieder nicht. Ole hat ein Kind mit einer anderen, und bevor es geboren wurde, dachte Lise allen Ernstes daran, es zu adoptieren. Nachdem nun aber feststeht, daß das Kind taubstumm ist, ist sie doch froh, daß es nicht dazu gekommen ist. Ich sage, ich wolle keinen Geliebten haben, denn ich könne nicht arbeiten, wenn mein Leben wieder unordentlich und verwickelt werde. Und ich begreife mehr und mehr: Das einzige, wozu ich wirklich tauge, das einzige, was mich leidenschaftlich beschäftigt, ist, Sätze zu formen, Wortfolgen zu bilden oder schlichte, vierzeilige Verse zu schreiben. Damit ich das kann, muß ich Menschen auf eine besondere Art beobachten, ungefähr so, als wollte ich sie für spätere Verwendung in ein Archiv legen. Damit ich das kann, muß ich auch auf eine besondere Weise lesen, indem ich mit allen Poren das aufnehme, was ich auf die eine oder andere noch unbestimmte Weise brauchen kann, wenn nicht jetzt, so bei einer späteren Gelegenheit. Damit ich das kann, darf ich nicht zu viele Beziehungen haben, nicht zuviel ausgehen und keinen Alkohol trinken, denn dann kann ich am nächsten Tag nicht arbeiten. Und weil ich in Gedanken immer Sätze forme, bin ich oft weit weg und zerstreut, wenn Ebbe mit mir reden will, und das kränkt ihn und gibt ihm zusammen mit all meiner Pusselei um Helle das Gefühl, außerhalb meiner Welt zu stehen, während er vorher drinnen war. Wenn er nachmittags nach Hause kommt, will er noch immer lesen, was ich geschrieben habe, aber jetzt ist seine Kritik sinnlos und ungerechtfertigt, als wolle er mich an meinem empfindlichsten Punkt treffen. Einmal fangen wir an zu streiten, weil in *Straße der Kindheit* ein Herr Mulvad auftritt. Dessen Lieblingsbeschäftigung ist es, Gleichungen zu lösen, und Ebbe wird rasend. Das bin ja ich, sagt er, alle meine Freunde werden mich wiedererkennen und über mich lachen. Er verlangt, daß ich Herrn Mulvad ganz fallen lasse, aber das will ich nicht, obgleich er nicht besonders gut gelungen ist, denn ich kann Männer noch nicht richtig schildern. Ich kann nicht verstehen, sagt Ebbe wütend, wieso du diese Personen nicht einfach erfinden kannst, wie zum Beispiel Dickens das tut. Du zeichnest nur die Wirklichkeit ab. Das hat mit Kunst gar nichts zu tun. Ich bitte ihn, sich in Zukunft nicht mehr darum zu kümmern, was ich schreibe, da er offenbar nichts davon verstehe. Er sagt, er habe es mehr als satt, mit einer Dichterin verheiratet zu sein, die noch dazu frigide sei. Ich schnappe nach Luft und breche plötzlich in Tränen aus. Ich habe mit niemand mehr gestritten, seit ich mich mit meinem Bruder gezankt habe, als wir Kinder waren, und ich kann es nicht aushalten, mit Ebbe verkracht zu sein. Helle wacht auf und fängt an zu weinen, und ich nehme sie auf den Arm. Warum darf er keine Gleichungen lösen, sage ich ganz jämmerlich, ich weiß doch wirklich nicht, was so ein Kerl an seinem Feierabend anderes tun kann. Ebbe umarmt mich und Helle: Entschuldige, Tove, hör auf zu weinen. Er kann ja wirklich gern Gleichungen lösen, und ich meinte das gar nicht so, was ich gesagt habe. Es hat mich bloß getroffen, verstehst du.

An einem Nachmittag kurz nach diesem Streit kommt er nicht zur gewohnten Zeit nach Hause, und ich fühle, wie abhängig ich von ihm bin. Ich gehe unruhig im Zimmer auf und ab und bin ganz außerstande, irgend etwas zu tun. Ebbe geht abends oft aus, aber er kommt immer erst nach Hause. Gegen Abend gebe ich Helle die Brust, ziehe sie an und gehe zu Lise, die gerade aus dem Büro gekommen ist. Sie sagt, Ole sei auch nicht zu Hause, offenbar seien sie miteinander unterwegs. Sicher hätten sie noch ein paar andere getroffen und

seien zusammen versackt. Das habe sie oft erlebt. Du
bist viel zu bürgerlich, sagt sie lächelnd. Vielleicht
hättest du einen Mann haben müssen, der mit dem
Wochenlohn gleich nach Hause kommt und nicht
trinkt. Ich erzähle ihr von unserm Streit und sage, daß
es in unserer Ehe nicht mehr so gut klappt. Ich habe
Angst, vertraue ich ihr an, daß er eine andere findet,
eine, die nicht schreibt, eine, die nicht frigide ist. Das
tut er vielleicht für einen Abend, sagt sie, aber er
denkt nicht im Traum daran, dich und Helle zu verlassen. Er ist sehr stolz auf dich, das merkt man, wenn er
von dir spricht. Du mußt nur begreifen, daß er sich oft
unterlegen vorkommt. Du bist berühmt, du verdienst
Geld, du arbeitest an etwas, was dich interessiert. Ebbe ist nur ein armer Student, der halb und halb von seiner Frau unterhalten wird. Er hat das falsche Studium
gewählt, und sicher betrinkt er sich oft nur, damit er
das Leben aushält. Aber es wird wieder gut, wenn ihr
wieder miteinander schlafen könnt. Und das kommt
wieder, du bist nur vom Stillen erschöpft. Sie nimmt
Kim auf den Schoß und spielt mit ihm. Wenn Ole einmal mit seiner Ausbildung fertig ist, sagt sie, will ich
Kinderpsychologin werden. Im Büro ist es auf die
Dauer nicht auszuhalten. Lise liebt neben ihrem eigenen auch andere Kinder. Sie mag Menschen überhaupt, und die Freunde kommen und vertrauen ihr
Dinge an, die sie demjenigen, der ihnen am nächsten
steht, niemals erzählen würden. Wann glaubst du,
kommt er nach Hause? frage ich. Das weiß ich nicht,
sagt Lise, einmal ist Ole acht Tage weggeblieben, aber
da wurde ich doch unruhig. Nachdem sie Kim ins Bett
gebracht hat, setzt sie sich hin mit hochgezogenen
Beinen, das Kinn auf das eine Knie gestützt. Ihre ganze Persönlichkeit strahlt Geborgenheit und Freund-

lichkeit aus, daher fühle ich mich ein kleines bißchen besser. Manchmal, sage ich, kommt es mir so vor, als ob ich überhaupt niemals jemand richtig lieben könnte. Es ist, als ob ich in der Welt nur mich allein sähe. Unsinn, sagt Lise, du liebst Ebbe doch wirklich. Ja, sage ich, aber nicht auf die richtige Weise. Wenn er seinen Schal vergißt, erinnere ich ihn nicht daran. Ich gebe mir auch keine besondere Mühe, ordentlich für ihn zu kochen und alles das. Ich glaube, ich kann Menschen nur gernhaben, wenn die sich für mich interessieren. Darum werde ich auch niemals unglücklich verliebt sein. Na ja, sagt sie, aber Ebbe interessiert sich doch wirklich für dich. Ich erzähle ihr von Herrn Mulvad und den Gleichungen, und darüber muß sie lachen. Ich hatte keine Ahnung, daß Ebbe Gleichungen löst, sagt sie, das ist wirklich ein Ding. Nein, sage ich ernsthaft, wenn ich schreibe, nehme ich auf niemand Rücksicht, das kann ich nicht. Lise meint, Künstler müßten egoistisch sein. Darüber solle ich lieber nicht so viel nachdenken. Ich gehe nach Hause durch die stockfinsteren Straßen, die auch die Sterne nicht heller machen. Ich bin froh, daß ich mich auf den Kinderwagen stützen kann. Es ist kurz vor acht, und ich beeile mich, weil gleich Sperrstunde ist. Bis acht müssen alle zu Hause sein. Das bedeutet also, daß Ebbe heute Nacht nicht nach Hause kommen kann, wo er auch sein mag. Ich lege Helle trocken, ziehe ihr das Nachtzeug an und lege sie ins Bett. Sie ist nun vier Monate alt und lächelt mich zahnlos an, während sie mit der ganzen Hand meinen Finger umfaßt. Es ist gut, daß es ihr vorläufig noch gleichgültig ist, ob ihr Vater zu Hause ist oder nicht.

Am nächsten Vormittag kommt Ebbe in jämmerlicher Verfassung nach Hause. Den Mantel hat er schief zugeknöpft, der Schal geht bis zu den Augen, obgleich es Frühjahr und mildes Wetter ist. Seine Augen sind gerötet vom Trinken und vor Übermüdung. Ich bin so froh, ihn lebend wiederzusehen, daß ich einfach keine Lust habe, ihn auszuschelten. Er steht schwankend mitten im Zimmer und macht ein paar unbeholfene Schritte seines Paviantanzes, den er an einem bestimmten Punkt seines Rausches immer als Solonummer vorführt, während alle um ihn herum stehen und in die Hände klatschen. Er steht auf einem Bein und schwingt sich herum, verliert aber das Gleichgewicht und greift nach einem Stuhl. Ich bin dir untreu gewesen, sagt er mit belegter Stimme. Mit wem? frage ich unglücklich. Mit einer flotten Biene, die nicht gravid, nee, fri- frigid ist. Eine, die Ole aus »Tokanten« kennt. Siehst du sie wieder? frage ich. Tja, er fällt auf einen Stuhl, das hängt von so vielen Dingen ab. Wenn du den Mulvad Patiencen legen läßt, kann es sein, daß ich sie nicht wiedersehe, sonst weiß ich nicht so recht. Ich gehe zu ihm, ziehe den Schal von seinem Mund und küsse ihn. Laß das doch mit dem Wiedersehen, sage ich eindringlich, ich will Mulvad auch Patiencen legen lassen. Er faßt mich um den Leib und lehnt seinen Kopf gegen meinen Schoß. Ich bin ein Ungeheuer, murmelt er, was willst du mit mir? Ich bin versoffen und arm, ich tauge zu nichts. Aber du bist hübsch und berühmt, du kannst haben, wen du willst. Aber wir haben miteinander ein Kind, sage ich eindringlich, ich will keinen andern Mann haben als dich. Er steht auf und zieht mich ganz fest an sich. Ich bin so müde, sagt er, ich kann unser Problem nicht lösen, indem ich mich betrinke. Hol der Teufel van de Velde, ich habe ein lahmes Kreuz. Da müssen wir doch lachen, und ich helfe ihm beim Ausziehen und bringe ihn ins Bett. Dann setze ich mich an die Schreibmaschine und vergesse beim Schreiben, daß mein Mann mit einer andern ins Bett gegangen ist, vergesse alles, bis Helle weint, weil es Zeit für ihre Mahlzeit ist.

Am nächsten Tag schreibe ich ein Gedicht, das beginnt: Warum geht mein Liebster in den Regen, ohne Mantel und auch ohne Hut? Warum geht mein Liebster in die Nacht, versteht ein Mensch, was er da tut? Als ich es Ebbe zeige, sagt er, das sei gut, aber geregnet habe es nicht, und er habe doch seinen Mantel angehabt. Ich lache und erzähle ihm von damals, als Edvin meine Kindergedichte las und meinte, ich sei voller Lügen. Ebbe sagt, daß er nie wieder versacken will, wenn mich das so unglücklich macht. Das ist der verfluchte Pullimut, sagt er. Denn um in der Kneipe ein Glas Bier zu bekommen, muß man auch ein Glas Pullimut nehmen, und das kann einen ja wirklich zum Säufer machen. Ich frage eifersüchtig, wie das Mädchen aussieht, und er antwortet, sie sei nicht annähernd so hübsch wie ich. Eine von denen, die sich an Künstler und Studenten hängen, sagt er, davon gibt es so viele, daß man die Schweine damit füttern kann. Er sagt auch: Wenn wir Helle nicht bekommen hätten, wäre alles noch wie zu Anfang zwischen uns. Das wird es wieder, sage ich schnell, ich fühle, daß es wieder gut wird. Aber das stimmt nicht. Etwas Wesentliches, etwas unendlich Gutes und Wertvolles zwischen uns ist zerstört, und das ist für Ebbe schlimmer, denn er kann sich nicht wie ich alle Probleme und Sorgen von der Seele schreiben. Abends vor dem Einschlafen sehe ich lange in seine schrägstehenden Augen, in denen die braunen Sprenkel im Lampenlicht wie Gold glänzen. Was auch immer geschieht, sage ich, versprich mir, daß du Helle und mich nie verlassen wirst. Das verspricht er. Wir wollen zusammen alt werden, sagt er, du wirst Runzeln bekommen und die Haut unter deinem Kinn wird schlaff werden wie bei meiner Mutter, aber deine Augen werden niemals alt werden. Die werden immer so bleiben mit dem schwarzen Rand um das Blaue. Das war es, in das ich mich verliebt habe. Wir küssen einander und liegen einander in den Armen, so keusch wie Geschwister. Nachdem die Van-de-Velde-Periode überstanden ist, macht er keinen Versuch mehr, mit mir zu schlafen, obwohl ich nichts dagegen hätte und mich ihm selten verweigert habe.

8

Eines Tages Ende Mai besucht Ester mich und erzählt, daß der Club im Begriff ist, sich aufzulösen — wegen der Sperrstunde, wegen der ablehnenden Haltung des Restaurants, das ja nie so besonders an uns verdient hat, und wegen der persönlichen Schwierigkeiten der Mitglieder. Sonja wird mit ihrem Roman nicht fertig, an dem Morten Nielsen ändert und ändert; sie hat auch Professor Rubow schon einige Kapitel daraus zu lesen gegeben. Halfdans Gedichtsammlung hat Athenäum angenommen, und ihren eigenen Roman haben sie dort auch gut gefunden, er soll im Herbst herauskommen. Ich selbst habe das Manuskript von *Straße der Kindheit* abgeliefert, und seit ich nicht mehr schreibe, fühle ich eine Leere in mir, die nichts ausfüllen kann. Ich habe das Gefühl, daß ich alles aufnehme, ohne daß ich etwas hervorbringen kann. Lise sagt, ich müsse jetzt das Leben eine Zeitlang genießen, das hätte ich doch verdient nach all der Plackerei. Aber für mich ist das Leben nur ein Genuß, wenn ich schreibe. Aus bloßer Ziellosigkeit hänge ich stundenlang bei Arne und Sinne herum, die am Schubertvej wohnen. Das ist das Paar, das in dem Kinderbett lag, als Ebbe und ich das erstemal zusammen waren. Arne studiert Volkswirtschaft wie Ebbe, doch er bekommt einen so großen Wechsel von zu Hause, daß er nicht nebenbei zu arbeiten braucht. Sinne ist die Tochter eines Hofbesitzers in der Limfjord-Gegend, üppig, rothaarig und voller Energie. Sie geht jetzt aufs Abendgymnasium, um das Abitur nachzumachen, weil sie all ihre Unwissenheit nicht mehr ertragen kann. Ich erzähle ihr, daß ich mich an meine mangelnde Bildung gewöhnt habe und daß ich nicht dazu tauge, etwas zu lernen. Ich erzähle, daß ich von Viggo F. geschieden worden bin, bevor ich mit der *Französischen Revolution* zu Ende gekommen war.

Ester wohnt nicht mehr bei Viggo F. Sie sagt, sie sei es müde geworden, von seiner Sehnsucht nach mir zu hören und seiner Verbitterung darüber, daß ich ihn verlassen habe. Nun wohnt sie zu Hause, aber das ist auch keine Lösung. Ihr Vater ist ein pleite gegangener Großhändler, der seine Freundinnen reihenweise mit nach Hause schleppt. Ihre Mutter hat sich daran gewöhnt. Weißt du, sagt sie, all diese angestrengte Toleranz habe ich wirklich satt. Das geht mir ja genauso, und ich frage sie, was solche sonderbaren Wesen wie wir eigentlich anfangen können, wenn wir nicht gerade schreiben. Da kommt sie heraus mit ihrem eigentlichen Anliegen. Aus ihrer Zeit in der Apotheke kenne sie eine Malerin, Elisabeth Neckelmann. Die wohne zusammen mit einer andern Frau mit steifem Kragen, Bernsteinspitze und Schneiderkostüm, denn sie fühle sich nur zu Frauen hingezogen. Sie ist etwas hinter mir her, sagt Ester ruhig, und sie hat mich gefragt, ob ich nicht eine Zeitlang in ihrem Sommerhaus wohnen will. Das ist eine gute Idee, aber ich kann da nicht zusammen mit Halfdan hinziehen, denn dann haben wir nichts, wovon wir leben können. Hast du nicht Lust, mit mir da hinzugehen? Helle wird die Landluft auch guttun. Während ich etwas mit der Antwort zögere, kommt Ebbe dazu. Aber auf jeden Fall sollst du das tun, sagt er, eine kurze Trennung wirkt oft belebend auf die Ehe. Er sagt auch, er habe mehr Ruhe zum Arbeiten, wenn Helle ihn nicht störe. Er muß binnen kurzem in die erste Prüfung und hat noch viel nachzuholen. Ich sage also ja zu Esters Angebot. Ich mag sie gern, denn sie ist so ruhig, freundlich und vernünftig, und sie hat dieselbe Aufgabe im Leben wie ich. Ebbe verspricht, mich so oft zu besuchen, wie er nur kann, obgleich das Haus ziemlich weit von Kopenhagen entfernt im Süden Seelands liegt. Wir verabreden, am Tage darauf mit den Rädern hinzufahren, und an diesem Abend schläft Ebbe zum erstenmal mit mir seit langer Zeit. Er tut das zornig und ohne Zärtlichkeit, als ob es ihn irritiere, mich immer noch zu begehren. Das wird wieder anders, sage ich schuldbewußt, wenn ich aufhöre zu stillen. Er entdeckt etwas Milch an sich und fängt an zu lachen. Das ist ja auch nicht so einfach, sagt er, mit einer ganzen Meierei ins Bett zu gehen.

Das Haus liegt tief, mit einem Weizenfeld nach hinten hinaus und struppigem Gras und wilden Himbeerbüschen an der Böschung zur Straße hin, wo ein paar schiefgewachsene Kiefern den Zugang verbergen. Das Haus hat eine große Stube mit einem altertümlichen Herd an einer Wand und eine kleine Kammer mit zwei Betten, wo wir so dicht beieinander liegen, daß ich Esters leichte Atemzüge höre, wenn ich nachts für einen Augenblick aufwache. Ich habe Helle bei mir im Bett und fühle mich sicher und froh bei dem Druck ihres warmen kleinen Körpers. Tagsüber steht sie in ihrem Kinderwagen draußen in der Sonne, aber sie neigt ebensowenig wie ich dazu, braun zu werden. Wir haben beide helle Haut. Ester dagegen bekommt schon nach wenigen Tagen Farbe. Das sieht aus, als würden die Zähne weißer, und neben der braunen festen Haut erinnert das Weiße in ihren Augen an feuchtes Porzellan. Ich stehe morgens als erste auf, denn Ester braucht mehr Schlaf als ich. Mühevoll mache ich Feuer im Herd mit dem Kleinholz, das wir bei einem Bauern in der Nähe kaufen, wo wir auch unsere Milch und unsere Eier holen. Der Herd entwickelt mehr Rauch als Hitze, und ich muß das Holz oft mehrmals anzünden, bevor es brennt. Dann gieße ich Tee auf und streiche Brote, und manchmal bringe ich Ester das Frühstück ans Bett. Du verwöhnst mich, sagt sie vergnügt, während sie sich den Schlaf aus ihren herbstlaubbraunen Augen reibt. Ihr langes schwarzes Haar fällt schlicht von der glatten Stirn. Wir verbringen den Tag damit, lange Spaziergänge zu machen, zu schwatzen, mit Helle zu spielen, die gerade ihren ersten Zahn gekriegt hat. Ich bin noch nie auf dem Lande gewesen, und ich bin verwundert über die große Stille, nie habe ich so etwas erlebt. Ich fühle so etwas wie Glück und denke, dies heiße vielleicht das Leben genießen. Abends gehe ich oft noch ein Stück allein, während Ester auf Helle aufpaßt. Ich merke, daß der Geruch der Felder und des Nadelwaldes stärker ist als an dem Tag, an dem wir ankamen. Die Fenster des Bauernhauses leuchten als gelbe Quadrate in der Dunkelheit, und ich denke darüber nach, was die Menschen wohl so gegen Ende des Tages tun. Der Mann sitzt da und hört Radio, die Frau stopft Strümpfe, die sie aus einem großen geflochtenen Korb nimmt. Gleich werden sie gähnen und sich recken und nach dem Wetter sehen und ein paar Worte über die Arbeit am nächsten Tag sagen, und dann werden sie ins Bett schleichen, um die Kinder nicht zu wecken. Die gelben Vierecke werden verschwinden. In aller Welt schließen sich die Augen, die Städte und Dörfer schlafen, die Häuser schlafen, die Felder schlafen. Wenn ich wieder ins Haus komme, hat Ester irgend etwas zum Abendessen gemacht, ein paar Spiegeleier oder so etwas, wir machen damit nicht viel Umstände.

Wir zünden die Petroleumlampe an und schwatzen
stundenlang mit langen Pausen dazwischen, die nicht
so gespannt und brodelnd sind, wie es das Schweigen
zwischen Ebbe und mir geworden ist. Ester erzählt
von ihrer Kindheit, ihrem ausschweifenden Vater
und ihrer sanften, geduldigen Mutter. Ich erzähle
auch von meiner Kindheit, und unsere Vergangen-
heit wird sichtbar zwischen uns wie ein Stück Mauer,
das vom Leben überspült worden ist. Diese ruhigen
Tage werden nur unterbrochen, wenn Halfdan oder
Ebbe kommt. Manchmal radeln sie auch zusammen
her und sind ganz erschöpft von der Hitze, wenn sie
ankommen. Es ist sehr gemütlich, wenn sie hier sind,
aber am liebsten bin ich doch mit Ester allein. Sie erinnert an einen Jungen in ihrer verwaschenen Hemd-
bluse und der langen Hose und durch ihren trotzigen
Mund mit der kurzen, nach oben gebogenen Oberlippe.
An den warmen Tagen waschen wir uns morgens ganz
ab draußen am Feldrand. Esters Körper ist braun und
stark mit großen festen Brüsten. Sie ist etwas größer
als ich und hat breite Schultern. Ich kreische, wenn sie
das kalte Wasser über mich gießt, und meine Haut
wird blau und zieht sich zu einer Gänsehaut zusammen. Aber Ester steht ruhig unter dem Guß, wenn die
Reihe an ihr ist, sie läßt ihre glatten braunen Glieder
in der Sonne trocknen, ausgestreckt im Gras liegend
wie gekreuzigt. Mir scheint, ich könnte so den Rest
meines Lebens verbringen, und es ist für mich zu
schwierig geworden, an Ebbe zu denken und unser
ständiges Problem.
Das Kornfeld ist golden geworden, es steht und
schwankt im Wind, schwer von reifen Ähren. Ganz
früh wachen wir beim Ruf des Kuckucks auf, es tönt

bald nah, bald fern um das Haus, als ob er sich damit vergnügte, uns zu necken. Schließlich steht eine von uns auf, schlaftrunken, klappt die Halbtür auf und klatscht in die Hände, um ihn wegzujagen. Eine Weile darauf klappert die Mähmaschine weit draußen über das Feld, und die Sonne hebt ihr gelbes Gesicht über den Tannenwald. Ich liege und sehe Ester an, während ich stille. Ich denke daran, daß wir uns bald trennen müssen und jede zu ihrem Mann gehen wird. Auch Ruth fällt mir ein, meine Kindheitsfreundin, und ein warmes Gefühl ohne bestimmte Richtung trägt mich durch den Raum. Vielleicht, sage ich zu Ester, als sie aufwacht, wäre es ganz gut, mit dem Stillen aufzuhören? Tja, sagt sie lachend, sie sieht ja nicht gerade aus, als ob ihr etwas fehlt, aber etwas feste Nahrung wäre wohl doch ganz gut. Aber dann verlierst du ja wieder deine prachtvolle Brust.

Ich komme nach Hause zu einem sonnverbrannten Ebbe, der die erste Prüfung mit der schlechtesten Note bestanden hat, aber bestanden hat er jedenfalls. Er ist aufrichtig froh darüber, mich wiederzusehen, und als er mich umarmt, merke ich, daß meine Frigidität vorbei ist. Ich sage es ihm, und er meint, nun gebe es nichts mehr in der Welt, was uns trennen könne. Das meine ich auch. Aber in der nächsten Zeit denke ich oft an Esters kleines dunkles Jungengesicht mit dem Schmollmund, denn auf die eine oder andere unerklärliche Weise hat sie bewirkt, daß Ebbe und ich uns wieder nahegekommen sind.

9

Im Herbst kommt mein neues Buch heraus, und es bekommt überall gute Kritiken mit Ausnahme von »Social-Demokraten«, wo Julius Bomholt es auf zwei Spalten verreißt unter der Überschrift: Die Flucht aus dem Arbeiterviertel. Das Buch enthalte, schreibt er, »nicht einen Schimmer von Dankbarkeit«. »Man vermißt«, schreibt er weiter, »eine Schilderung unserer tüchtigen Jungen aus der D.S.U.« Ich habe doch niemals jemand aus der D.S.U. getroffen, schluchze ich in meine Tasse Tee-Ersatz, wie soll ich die darstellen können? Ebbe tut, was er kann, um mich zu trösten, aber ich bin so gar nicht an Unerfreuliches in dieser Hinsicht gewöhnt, und so schluchze ich, als sei einer meiner nächsten Angehörigen gestorben. Er war immer so nett zu mir, wenn Viggo F. und ich ihn besuchten. Ebbe meint, er sei ebenso wie Bjarnhof verstimmt darüber, daß ich Viggo F. verlassen habe, denn die Besprechung sei so gehässig, daß da persönliche Motive mitspielen müßten. Graham Greene schreibe irgendwo, und Ebbe sieht nach oben zur Decke, wie er es immer tut, wenn er sich etwas überlegt, daß mit einem Menschen, der niemals einen Mißerfolg erlitten habe, etwas nicht stimmen könne. So lasse ich mich trösten, schneide die Besprechungen aus mit Ausnahme der schlechten, die mir ja auch schnuppe sein kann, und mache mich damit auf zu meinem Vater. Er klebt sie in mein Sammelalbum, das schon halb voll ist. Vorwurfsvoll sagt er: Das hättest du auch auslassen können, wie ich auf dem Sofa liege, den blankgescheuerten Hosenboden zur Stube gekehrt, und schlafe. Ich schlafe nicht immer, und

meine Hose ist nicht blankgescheuert. Das weiß ja
niemand, daß du das bist, sagt meine Mutter, die Mutter da in dem Buch ist mir jedenfalls kein bißchen ähnlich. Ich habe es der Verkäuferin im Milchladen geliehen, sagt sie zu mir, sie hat mich gefragt, wie es ist, eine
berühmte Tochter zu haben. Früher war sie immer
ziemlich hochnäsig zu mir.

Es beginnt eine kurze glückliche Periode. Ebbe geht
abends nicht aus und trinkt nicht mehr, als er vertragen kann. Dagegen geht es mit Lise und Ole nicht so
gut. Sie müssen sich mit gewaltigen Geldsorgen her-
umschlagen, denn Ole hat nur sein Stipendium, und
Lise verdient nicht genug in dem Ministerium, wo sie
beschäftigt ist. Die würden verhungern, wenn sie
nicht den Müllplatz hätten, wo Lise in der Dämmerung Pilze sucht, während sie mir erzählt, daß sie Ole
verlassen und ihren Juristen heiraten will. Er ist verheiratet und hat zwei Kinder. Und Arne will sich von
Sinne scheiden lassen, denn sie hat einen Liebhaber,
der ist Schwarzhändler en gros und verdient fünfzig
Kronen am Tag, eine ungeheuere Summe. Abends
liege ich in Ebbes Armen, und wir versprechen einander, daß wir uns niemals scheiden lassen und einander
nie untreu sein wollen.

Ich erzähle Ebbe, wie ich Veränderungen immer gehaßt habe. Ich erzähle, wie traurig ich gewesen bin, als
wir von der Hedebygade zum Westend zogen, wo ich
mich niemals zu Hause gefühlt habe. Ich erzähle ihm,
daß ich meinem Vater ähnlich bin. Wenn meine Mutter und Edvin zu Hause die Möbel umgestellt hatten,
stellten mein Vater und ich sie wieder an den alten
Platz. Ebbe lacht und streicht mir übers Haar. Du bist
ja stockreaktionär, sagt er, das bin ich ja im Grunde
auch, obgleich ich auch liberal bin. Seine weiche,

dunkle Stimme läuft wie von einer unendlichen Spule an mein Ohr, sie erfüllt mich mit Geborgenheit, dem Gefühl der Beständigkeit. Er entwickelt seine Theorien darüber, warum Neger schwarz sind, warum Juden gebogene Nasen haben, oder wie viele Sterne am Himmel stehen, endlose Themen, bei denen ich einschlafe wie ein Kind bei einem eintönigen Wiegenlied. Draußen ist die wirre böse Welt, die wir nicht bewältigen, und mit der wir am liebsten nichts zu tun haben möchten. Die Politik haben die Deutschen in der Hand, und Ebbe ist Mitglied der Bürgerwehr geworden. Die Uniform ist blau mit abfallenden Schultern, und Ebbes Uniformmütze ist ihm zu groß. Er kommt mir vor wie der brave Soldat Schwejk, und wenn er davon redet, sich der Widerstandsbewegung anzuschließen, nehme ich ihn nicht ernst.

Als Helle neun Monate alt ist, richtet sie sich zum erstenmal – vor Anstrengung stöhnend und prustend – in ihrem Laufgitter auf. Sie schwankt und hält sich an den Gitterstäben fest, dabei stößt sie schrille Freudenschreie aus. Während ich mich über sie beuge, um sie zu loben und zu streicheln, habe ich plötzlich den Mund voller Flüssigkeit, ich muß rausrennen und mich übergeben. Ich versuche, mich damit zu beruhigen, daß ich wohl etwas gegessen hätte, was mir nicht bekommen sei, aber der Schreck, ich könne wieder schwanger sein, läßt meine Knie zittern. Wenn es so sein sollte, wäre zwischen Ebbe und mir alles aus, das weiß ich.

Sie sind im zweiten Monat, sagt Doktor Herborg, mein Kassenarzt, und setzt sich wieder, während der Vorhang, der immer zwischen mir und der Wirklichkeit ist, plötzlich grau und zerschlissen ist wie Spinn-weben. An dem blütenweißen Kittel des Arztes fehlt ein Knopf, und in dem einen Nasenloch hat er ein langes schwarzes Haar. Aber ich will das Kind nicht haben, sage ich eindringlich, das ist aus Versehen passiert, ich muß das Pessar verkehrt eingesetzt haben. Er lächelt und sieht mich verständnislos an. Herrgott, sagt er, was glauben Sie, wie viele Kinder aus Versehen geboren werden? Die Mütter sind schließlich trotzdem immer glücklich darüber. Kann man es nicht wegmachen lassen? frage ich vorsichtig, und sofort verschwindet das Lächeln aus seinem Gesicht wie ein Gummiband, das losgelassen wird. Ich mache das nicht, sagt er kühl, denn wie Sie vielleicht wissen, ist das verboten. So frage ich Lises Rat entsprechend, ob er mir jemand empfehlen kann, der das macht. Nein, sagt er kurz, das ist auch verboten. Als nächstes gehe ich nach Hause zu meiner Mutter, ich weiß, sie wird mich verstehen. Sie sitzt in der Küche und legt eine Patience. Oh, sagt sie, nachdem sie mein Anliegen gehört hat, das ist ganz leicht, das wegzukriegen. Geh in die Apotheke und hol dir eine Flasche Rizinusöl. Das mußt du trinken, dann kommt es schon. Ich hab es zweimal probiert, ich weiß Bescheid damit. Ich hole das Rizinusöl und setze mich meiner Mutter gegenüber auf einen Küchenstuhl. Als ich den Korken aus der Flasche ziehe, schlägt mir ein widerlicher Gestank entgegen, ich stürze hinaus und übergebe mich. Ich kann nicht, sage ich verzweifelt, es ist unmöglich, das hinunterzubringen. Meine Mutter weiß auch kein anderes Mittel, und ich gehe zum Ministerium, wo Lise arbeitet. Ich stelle mich dort an die Hauswand und warte auf sie. Ich blicke auf das grüne Dach der Börse, das in der Dämmerung schwach leuchtet, und ich den-

ke an Piet und unsere Wanderungen durch die dunkle
Stadt, wenn wir von den Clubabenden kamen. Damals war ich nicht schwanger, und wenn ich bei Viggo
F. geblieben wäre, wäre ich es auch nie geworden.
Menschen gehen an mir vorüber, ohne mich zu be-
merken. Frauen gehen vorbei, mit und ohne Kinderwagen, mit kleinen Kindern an der Hand oder allein.
Ihre Gesichter sind ruhig und in sich gekehrt, in ihnen
wächst ja auch nicht etwas, wovon sie nichts wissen
wollen. Lise, rufe ich, als sie auf mich zukommt, er will
nicht. Was um Himmels willen soll ich tun? Während
wir zur Straßenbahn gehen, erzähle ich ihr von dem
schrecklichen Rizinusöl meiner Mutter; von diesem
Mittel hat auch Lise noch niemals gehört. Ich gehe mit
ihr hinauf, und wir holen Kim von ihrer Mutter. Das
ist eine würdige Dame mit einem Kleid bis zum Boden
und einem Häubchen auf dem Kopf, das eine kahle
Stelle bedecken soll. Ich denke daran, daß sie zehn
Kinder geboren hat; Lises Vater wollte immer ein
Kind in der Wiege haben, nach ihrer eigenen Meinung
hat nie jemand gefragt. Als wir in Lises Wohnung
sind, sagt sie, zur Panik bestehe noch kein Grund, es
sei noch Zeit genug, einen Ausweg zu finden. Sie will
eine junge Kollegin im Büro fragen, die sich vor einem
Jahr heimlich ein Kind hat wegmachen lassen. Leider
ist das Mädchen augenblicklich krank, aber sobald es
wieder da ist, will Lise sich die Adresse geben lassen.
Doktor Leunbach, das weiß Lise, tut das zur Zeit
nicht, denn er hat deswegen im Kittchen gesessen.
Vielleicht weiß Nadja eine Adresse, sagt sie, aber ich
habe vergessen, wo Nadja mit ihrem Seemann wohnt.
Aber ich kann doch nicht warten, sage ich verzweifelt,
ich kann doch nicht dasitzen, ohne etwas zu tun. Ich
kann nicht arbeiten, und ich bin gegen Ebbe vollkom-

men gleichgültig und auch gegen Helle. Lise meint, es müsse viele Ärzte geben, die so eingestellt sind wie Leunbach. Sie sagt, wenn ich unbedingt sofort etwas unternehmen wolle, solle ich das Telefonbuch nehmen und alle Ärzte der Reihe nach anrufen, so werde ich möglicherweise einen finden. Inzwischen werde das Mädchen mit der Adresse auch wohl wieder gesund, ich dürfe nur die Hoffnung nicht aufgeben. Sie sieht mich nachdenklich an: Glaubst du wirklich, es wäre so schlimm, wenn ihr noch ein Kind bekämt? Auch Lise versteht mich nicht. Ich will nicht, sage ich leidenschaftlich, daß mit mir etwas geschieht, was ich nicht gewollt habe. Das ist, als ob man in einer Falle sitzt. Und unsere Ehe kann einfach keine neue Frigidität während des Stillens ertragen. Es ist schon wieder so, daß ich es nicht aushalten kann, wenn Ebbe mich anrührt. Als ich nach Hause komme, erzählt er mir, daß er mit der Widerstandsbewegung Kontakt aufgenommen hat und als Freiheitskämpfer ausgebildet werden soll für den Tag, an dem die Deutschen kapitulieren und sich aus dem Lande zurückziehen müssen. Niemand glaube, daß dies ohne Kämpfe geschehen werde. Niemand glaube noch an ihren Sieg, nicht nach der Niederlage von Stalingrad. Mir ist es gleich, wenn du Räuber und Gendarm spielen willst, sage ich ärgerlich, ich habe an anderes zu denken. Ebbe sagt, er sei nicht so sehr dafür, daß ich es wegmachen lasse. Das könne lebensgefährlich werden, sagt er, und er will sich auf jeden Fall nicht mit um eine Adresse bemühen. Mir ist es nicht der Mühe wert, ihm zu antworten, er versteht ja doch nichts, ich weiß überhaupt nicht, was ich jemals in ihm gesehen habe. Am nächsten Tag mache ich mich auf zu meiner

Ärzteodyssee. Ich kann mir immer nur ein paar am
Tag vornehmen, weil alle zur gleichen Zeit Sprech-
stunde haben. Ich sitze diesen weißen Kitteln gegenüber in meinem abgetragenen Popelinemantel mit
dem roten Tuch um den Hals. Sie sehen mich kühl
und verständnislos an: Wer in aller Welt ist auf den
Gedanken gekommen, Ihnen meine Adresse zu geben? Meine liebe Dame, es gibt Frauen, die sind viel
unglücklicher dran. Sie sind doch verheiratet und
haben bisher nur ein Kind. Sie wollen mich doch
wohl nicht, sagt einer von ihnen, zu etwas Kriminel-
lem veranlassen! Da ist die Tür. Ich gehe wieder
nach Hause, gedemütigt und elend, hole Helle bei
meiner Schwiegermutter ab, füttere sie, ohne sie
richtig wahrzunehmen, lege sie ins Bett, nehme sie
wieder auf. Das Telefon läutet, eine Stimme sagt:
Guten Tag, hier ist Hjalmar. Ist Ebbe zu Hause? Ich
gebe ihm den Hörer, er antwortet einsilbig. Dann
zieht er den von seinem Vater geerbten Überzieher
mit dem albernen Rückengurt an und lange Gum-
mistiefel, denn es regnet, und eine Mütze, die er
sonst niemals trägt, zieht er sich tief in die Stirn. Seine Aktentasche hält er unter dem Arm mit einer
Miene, als sei Dynamit darin. Sein Gesicht ist ganz
blaß geworden. Er fragt mich: Sehe ich etwa ver-
dächtig aus? Nein, sage ich gleichgültig, obwohl ein
Kind aus einer Entfernung von einer Meile merken
könnte, daß mit ihm etwas nicht stimmt. Nachdem
er gegangen ist, blättere ich weiter im Telefonbuch,
Seite rauf, Seite runter. Aber einen Abtreibungs-
arzt auf diese Weise herausfinden wollen, heißt
nach einer Nadel im Heuhaufen suchen, deshalb gebe ich das nach ein paar Tagen auf. Jetzt wird es allmählich ein Wettlauf mit der Zeit, keiner tut es, das

weiß ich, wenn man über drei Monate hinaus ist. Es
ist schwierig, Lise abends allein zu treffen, weil sie
nach Büroschluß mit ihrem Juristen zusammen ist,
und sie möchte nicht, daß Ole etwas erfährt, denn er
hat dieselbe Einstellung wie Ebbe. Männer stehen
inzwischen ganz außerhalb meiner Welt. Das sind so
fremde Geschöpfe, als kämen sie von einem andern
Stern. Sie haben niemals etwas in ihrem eigenen
Körper verspürt. Sie haben keine zarten, weichen
Organe, in denen ein Klümpchen Schleim sich fest-
setzen kann wie eine Geschwulst und sein eigenes
Leben leben kann, ganz unabhängig von ihrem Willen. Eines Abends mache ich mich auf zu Nadjas
Vater, um zu fragen, wo sie mit ihrem Seemann
wohnt. Es ist eine Kellerwohnung in Österbro, und
ich fahre sofort hin. Sie sitzen bei Tisch und essen.
Nadja fragt gastfrei, ob ich etwas mitessen will.
Aber jeder Essensgeruch verursacht mir Übelkeit,
ich esse zur Zeit fast nichts. Nadja hat sich das Haar
kurz schneiden lassen und sich einen wiegenden
Gang angewöhnt, als ob sie über ein Schiffsdeck ginge. Der Seemann heißt Einar und gebraucht die
ganze Zeit dieselben Redewendungen: In Ordnung,
so muß es gedreht werden usw. Nadja redet schon in
derselben Manier. Als sie hört, warum ich gekommen bin, sagt sie, sie werde mir ein paar Chinintabletten besorgen. Damit habe sie selbst einmal eine
Abtreibung gemacht. Aber es könne gut sein, daß es
ein paar Tage dauere, denn es sei nicht so leicht. Ich
verstehe dich, sagt sie, sich erinnernd. Man haßt es,
wenn man daran denkt, daß es Augen und Finger
und Zehen kriegt, ohne daß man das geringste dagegen tun kann. Man starrt auf andere Kinder und
kann überhaupt nichts Anziehendes an ihnen fin-

den. Man kann an nichts anderes denken, als endlich wieder allein zu sein in seiner eigenen Haut.
Etwas erleichtert erzähle ich Lise, daß Nadja versprochen hat, mir Chinintabletten zu beschaffen,
doch Lise ist nicht gerade begeistert davon. Ich habe
gehört, sagt sie, daß man davon blind und auch taub
werden kann. Ich sage gerade heraus, daß mir das
völlig gleichgültig wäre, wenn ich bloß den Mist los-
würde.

Endlich kommt das Mädchen, auf das wir warten,
wieder ins Büro, und Lise bekommt die Adresse des
Arztes, der ihr geholfen hat. Zum erstenmal seit
langem fühle ich mich glücklich, als ich mit dem Zettel in der Hand nach Hause gehe. Der Arzt heißt
Lauritzen und wohnt in der Vesterbrogade. Er wird
Abort-Lauritz genannt und soll zuverlässig sein. Ich
habe wieder Augen für Ebbe und Helle. Ich nehme
Helle auf den Schoß und spiele mit ihr, und zu Ebbe
sage ich: Wenn du dich mit Hjalmar triffst, darfst du
nicht die Mütze aufsetzen, und die Aktenmappe
mußt du so halten, als ob nur wissenschaftliche Bücher darin wären. Für so etwas bist du überhaupt
nicht geeignet. Aber er beruhigt mich damit, daß er
ja nicht bei Sabotageakten mitmachen solle, deshalb würden ihn die Deutschen auch kaum zu fassen
kriegen. Morgen um diese Zeit, sage ich, werde ich
glücklicher sein als jemals in meinem Leben.

Am nächsten Tag ziehe ich die gefütterte Barchentjacke an, die ich von Sinne gekauft habe, denn es
fängt an zu frieren. Sinne hat sie sich aus dem Stoff
von ein paar Federbetten nähen lassen, die sie von
zu Hause bekommen hat, aber als man alle Welt in
Barchentjacken sah, war sie es leid. Darunter habe
ich eine lange Hose an. Ich fahre mit dem Rad in die

Vesterbrogade, die schon den Bürgersteig entlang
weihnachtlich geschmückt ist mit Tannengirlanden
und roten Bändern. Mir ist eingeschärft worden,
nicht direkt zu fragen und auch nicht zu sagen, von
wem ich die Adresse habe. Das Wartezimmer ist
sehr voll, zumeist sind es Frauen. Eine Dame im
Pelzmantel geht händeringend umher, tätschelt einem kleinen Mädchen den Kopf, als ob ihre Hand es
von selber tue, und nimmt ihre Wanderung wieder
auf. Plötzlich geht sie zu einer jungen Frau. Könnte
ich wohl vor Ihnen hineingehen, sagt sie, ich habe so
starke Schmerzen. Ja, sagt die Frau mitleidig, und
als die Tür zum Sprechzimmer wieder aufgeht und
jemand ruft: Der Nächste bitte, stürzt sie hinein und
schließt die Tür hinter sich mit einem Knall. Einen
Augenblick darauf kommt sie wie verwandelt heraus. Die Augen glänzen, die Backen sind gerötet,
um ihren Mund schwebt ein fernes Lächeln. Sie
nimmt die Gardine etwas zurück und sieht auf die
Straße. Wie hübsch ist es, sagt sie, alles geschmückt
zu sehen, ich freue mich so auf Weihnachten. Ich sehe verwundert hinter ihr her, und mein Respekt vor
dem Arzt nimmt zu. Wenn er einen so leidenden
Menschen in wenigen Minuten heilen kann, was
kann man da alles von ihm erwarten.
Und was ist mit Ihnen los? fragt er und sieht mich
mit müden, freundlichen Augen an. Es ist ein älterer, grauhaariger Mann mit einem unbestimmba-
ren, ungepflegten Äußeren. Auf seinem Schreibtisch steht ein Teller mit Wurstbroten, deren Kanten sich schon nach oben biegen. Ich erzähle ihm,
daß ich schwanger bin, aber nicht noch ein Kind haben möchte. Tja, sagt er und reibt sich das Kinn, ich
muß Sie leider enttäuschen. Ich habe das zur Zeit
aufgegeben, der Boden wurde mir zu heiß.

Die Enttäuschung ist so ungeheuer, so lähmend, daß ich das Gesicht in den Händen vergrabe und in Tränen ausbreche. Aber Sie sind doch meine letzte Hoffnung, heule ich, und bald sind drei Monate um. Wenn Sie mir nicht helfen, nehme ich mir das Leben. Das wollen viele, sagt er sachte und nimmt plötzlich die Brille ab, damit er mich besser sehen kann. Sagen Sie mal, sagt er dann, sind Sie nicht Tove Ditlevsen? Ich bejahe, weiß aber nicht, ob es von Vorteil ist. Ich habe Ihr letztes Buch gelesen, fährt er im Konversationston fort, es gefällt mir gut. Ich stamme selbst von Vesterbro. Wenn Sie aufhören zu weinen, sagt er dann ganz langsam, kann ich Ihnen vielleicht eine Adresse zustecken. Ich möchte ihn umarmen vor Erleichterung, als er einen Namen und eine Adresse auf einen Zettel schreibt. Er macht eine Zeit mit Ihnen aus, sagt er. Es geschieht nichts weiter, als daß er ein kleines Loch in die Eihaut sticht. Wenn es zu bluten anfängt, müssen Sie mich anrufen, dann kriegen Sie ein Bett in meiner Klinik. Und wenn es nicht zu bluten anfängt, sage ich, von neuer Sorge erfüllt, weil alles schwieriger ist, als ich glaubte. Das wäre nicht so gut, sagt er, aber das tut es eigentlich immer. Machen Sie sich jetzt keine unnötigen Sorgen.

Als ich nach Hause komme, berede ich die Sache mit Ebbe, er bittet mich inständig, meine Absicht aufzugeben. Nein, sage ich heftig, dann will ich lieber sterben. Voller Unruhe geht er in der Stube auf und ab und sieht zur Decke, als fände er da überzeugende Argumente. Ich rufe den Arzt an, der in Charlottenlund wohnt. Morgen um sechs, sagt er mit mürrischer, klangloser Stimme, kommen Sie gleich herein, die Tür ist offen. Sie müssen dreihundert Kronen mitbringen. Zu Ebbe sage ich, er solle nicht so ängstlich sein. Wenn mir etwas passieren sollte, wäre auch der Arzt betroffen, deshalb wird er schon vorsichtig sein. Wenn das überstanden ist, wird es uns wieder gut gehen, Ebbe. Nur darum bin ich ja so versessen darauf, es machen zu lassen.

10

Ich nehme die Straßenbahn nach Charlottenlund,
denn ich will nicht mit dem Rad fahren, weil ich
nicht weiß, in was für einem Zustand ich auf dem
Rückweg bin. Es ist der Tag vor Weihnachtsabend,
und die Menschen sind beladen mit Paketen in fröh-
lichem Weihnachtspapier. Vielleicht ist am Weihnachtsabend alles überstanden, und wir können
wieder bei meinen Eltern feiern. Dann wird es das
schönste Weihnachtsfest, das ich je erlebt habe. Ich
sitze neben einem deutschen Soldaten. Eine schwer
bepackte Dame hat sich gerade demonstrativ erho-
ben und sich auf den gegenüberliegenden Platz gesetzt. Mir tut der Soldat leid, der zu Hause wohl
auch Frau und Kinder hat und lieber bei ihnen wäre,
als in einem fremden Land herumzugehen, das zu
besetzen sein Führer für richtig gehalten hat. Zu
Hause sitzt Ebbe und hat mehr Angst um mich als
ich selber. Er hat mir eine Taschenlampe besorgt,
damit ich die Hausnummer im Dunkeln finden
kann. Wir haben in einem Buch nachgeschlagen,
um herauszufinden, was Eihaut bedeutet. Wenn sie
reißt, stand da, geht das Fruchtwasser ab, damit
fängt die Geburt an. Aber jetzt soll ja Blut kommen,
kein Wasser, und wir sind genauso schlau.
Der Arzt empfängt mich im Eingang, wo eine Glüh-
birne ohne Schirm an einem Haken von der Decke
baumelt. Er wirkt nervös und schlecht gelaunt. Das
Geld, sagt er kurz und streckt die Hand aus. Ich gebe es ihm, und er deutet mit dem Kopf auf die
Sprechzimmertür. Er ist ungefähr fünfzig Jahre alt,
klein und dürr, seine Mundwinkel hängen herunter,

als ob er niemals gelächelt habe. Steigen Sie rauf, sagt er kurz und macht eine Handbewegung gegen die Liege mit den darüberhängenden Bügeln für die Beine. Ich lege mich hin mit einem ängstlichen Blick auf einen Tisch, auf dem eine Reihe spitzer blanker Instrumente liegt. Tut es weh? frage ich. Etwas, sagt er, nur einen Augenblick. Er spricht im Telegrammstil, als müßte er sparsam sein im Gebrauch seiner Stimmbänder. Ich schließe die Augen, und ein scharfer Schmerz durchfährt meinen Körper, aber ich gebe keinen Laut von mir. Überstanden, sagt er. Wenn es anfängt zu bluten oder wenn Sie Fieber bekommen, rufen Sie Doktor Lauritzen an. Nichts mit Krankenhaus, kein Ton von meinem Namen.

Ich sitze in der Straßenbahn und habe zum erstenmal Angst. Warum ist alles so geheimnisvoll und schwierig? Warum hat er es nicht einfach beseitigt? Es ist düster in meinem Inneren wie in einer Kathedrale, keinerlei Anzeichen, daß ein Mordinstrument gerade eben die Haut durchbohrt hat, die das beschützen sollte, was ganz ohne meinen Willen leben wollte. Zu Hause ist Ebbe dabei, Helle zu füttern. Er ist blaß und nervös, ich erzähle ihm, was geschehen ist. Du hättest es nicht tun sollen, wiederholt er immer wieder, du hast dein Leben in Gefahr gebracht, das Ganze ist nicht richtig. Nachts liegen wir so gut wie schlaflos. Kein Blut, kein Wasser, kein Fieber, und niemand hat mir gesagt, was sonst noch geschehen könnte. Dann gibt es Luftalarm. Wir tragen Helles Bett mit hinunter in den Luftschutzkeller, dabei wacht sie nie auf. Die Leute sitzen im Halbschlaf da. Ich rede etwas mit der Frau aus der Wohnung unter uns, die Kekse in ihr schläfriges, quengeliges Kind hineinstopft. Es ist eine junge Frau mit weichen, unfertigen Gesichtszügen. Vielleicht hat sie versucht, das Kind wegmachen zu lassen, dieses oder ein späteres Kind. Vielleicht haben viele Frauen erlebt, was ich jetzt erlebe, aber man spricht nicht darüber. Ich habe nicht einmal Ebbe erzählt, wie der Arzt in Charlottenlund heißt, denn wenn mir etwas zustoßen sollte, soll es ihn nicht treffen. Er hat mir im letzten Augenblick geholfen, und ich fühle mich solidarisch mit ihm, wenn er auch ein unangenehmer Mensch ist.

Während wir da sitzen, wird mir kalt, und ich knöpfe die Barchentjacke bis zum Hals zu. Mich friert, daß mir die Zähne klappern. Ich glaube, ich habe Fieber, sage ich zu Ebbe. Es gibt Entwarnung, und wir gehen wieder in die Wohnung. Ich messe meine Temperatur, es sind 40 Grad. Ebbe ist außer sich. Ruf den Arzt an, sagt er drängend, du mußt sofort in die Klinik. Das Fieber gibt mir ein Gefühl, als sei ich etwas beschwipst. Doch nicht jetzt, lache ich, nicht mitten in der Nacht. Dann erfahren seine Frau und seine Kinder das ja. Das letzte, was ich vor dem Einschlafen sehe, ist, wie Ebbe im Zimmer hin- und herwandert, sich wie rasend das Haar um die Finger wickelt. Hilf mir doch, murmelt er verzweifelt, hilf mir doch. Dieser Hjalmar, sage ich, als es mir plötzlich einfällt, der bringt ja auch dein Leben in Gefahr.

Früh am Morgen rufe ich bei Doktor Lauritzen an und berichte ihm, daß ich 40,5 Grad Fieber habe, aber daß weder Blut noch Wasser gekommen ist. Das kommt noch, sagt er freundlich, gehen Sie gleich in die Klinik, ich rufe jetzt an und gebe Bescheid, daß Sie kommen. Aber kein Wort zu den Krankenschwestern, ja? Sie sind schwanger, und

Sie haben Fieber, das ist alles. Und haben Sie keine
Angst, es wird schon alles in Ordnung kommen.
Es ist eine vornehme Klinik in der Christian den
Niendes Gade. Die Oberschwester empfängt mich,
eine freundliche ältere Frau mit mütterlichem Wesen. Es ist möglich, daß wir das Kind nicht retten
können, sagt sie, aber wir werden tun, was wir können. Diese Worte machen mich ganz verzweifelt,
und als ich in dem Zweibettzimmer liege, stütze ich
mich auf den Ellbogen und sehe die Frau in dem andern Bett an. Sie ist fünf bis sechs Jahre älter als ich
und hat ein reizendes, offenes Gesicht über ihrem
weißen Nachthemd. Sie heißt Tutti, und zu meiner
Überraschung erfahre ich, daß sie mit Morten Nielsen befreundet ist. Er ist der Vater des Kindes, das
sie hätte haben können. Sie ist geschieden, Archi-
tektin, und hat ein kleines Mädchen von sechs Jahren. Nach Verlauf einer Stunde ist es, als hätten wir
uns ein Leben lang gekannt. Mitten im Zimmer
steht ein kleiner Tannenbaum mit klirrendem Glasschmuck und einem Stern an der Spitze. Das wirkt
unter diesen Umständen vollkommen verrückt. Als
Kind, sage ich in meiner Fieberbenommenheit zu
Tutti, glaubte ich wirklich, die Sterne seien sechs-
zackig. Es wird Licht gemacht, und eine Krankenschwester kommt herein mit zwei Tabletts für uns.
Ich kann den Anblick und den Geruch von Essen
immer noch nicht vertragen, und so rühre ich nichts
an. Kommt Blut? fragt die Schwester. Als ich ver-
neine, stellt sie trotzdem einen Eimer herein und
legt ein paar Binden hin für den Fall, daß es im Lauf
der Nacht kommt. Lieber Gott, denke ich verzweifelt, gib mir doch nur einen Tropfen Blut. Nachdem
die Tabletts hinausgetragen worden sind, kommt

Ebbe, und gleich darauf taucht Morten auf. Tag, sagt er verdutzt, was in aller Welt machst du hier? Er setzt sich an Tuttis Bett, und die beiden verschwinden flüsternd in ihrer Umarmung. Ebbe gibt mir zwanzig Chininpillen, die Nadja aufgetrieben hat. Nimm sie nur, wenn es notwendig ist, sagt er. Als er gegangen ist, erzähle ich Tutti, daß Nadja einmal mit Chininpillen abgetrieben hat, und sie sieht keinen Grund, warum ich sie nicht schlucken sollte. Also nehme ich sie ein. Die Nachtschwester kommt herein, macht das Licht an der Decke aus und knipst die Nachtlampe an, deren blauer Schein das Zimmer in ein unwirkliches, gespenstisches Licht taucht. Ich kann nicht schlafen, aber als ich etwas zu Tutti sage, kann ich meine eigene Stimme nicht hören. Ich sage es lauter, aber ich kann immer noch nichts hören. Tutti, rufe ich voll Entsetzen, ich bin taub. Ich sehe, wie Tutti die Lippen bewegt, aber ich höre sie nicht. Sag es lauter, bitte ich. Da brüllt sie: Du brauchst nicht so zu schreien, ich bin doch nicht taub! Das sind die Pillen, aber ich glaube, das gibt sich wieder.

Es saust in meinen Ohren, und hinter diesem Sausen ist eine unheilvolle Stille, wie Watte. Vielleicht bin ich für mein ganzes Leben taub, umsonst, denn da ist immer noch kein Blut. Tutti steht aus ihrem Bett auf, kommt herüber und ruft in mein Ohr: Die wollen bloß Blut sehen, das ist alles, was sie brauchen. Ich lege jetzt meine gebrauchten Binden bei dir hin, und morgen früh brauchst du sie nur vorzuzeigen, dann machen sie die Ausschabung. Sprich lauter, schreie ich verzweifelt, und dann gelingt es mir, zu hören, was sie sagt. Die ganze Nacht durch kommt sie getreulich zu mir und legt ihre gebrauchten Bin-

den in meinen Eimer. Wenn sie an dem Weihnachts-
baum vorbeigeht, schlägt der kleine Glasschmuck
aneinander, und ich weiß, daß es klirrt, aber ich
kann es nicht hören. Jetzt denke ich an Ebbe und
Morten und ihren Ausdruck der Verlorenheit in dieser Frauenwelt voll Blut und Übelkeit und Fieber.
Und ich denke an die Weihnachtsfeste meiner Kinderzeit, als wir um den Baum gingen und sangen:
Wir, die aus der Tiefe gekommen sind – an Stelle eines Weihnachtschorales. An meine Mutter denke
ich und ihr schreckliches Rizinusöl. Sie ahnt nicht,
daß ich hier liege, denn sie hat noch nie etwas für
sich behalten können. Ich denke auch an meinen
Vater, der immer schwerhörig gewesen ist, denn das
liegt in seiner Familie. Wer taub ist, muß in einer
völlig abgeschlossenen und isolierten Welt leben.
Vielleicht muß ich einen Hörapparat haben. Aber
meine Taubheit bedeutet trotzdem so wenig im Ver-
gleich zu Tuttis barmherziger Hilfe. Die wissen genau, was hier vorgeht, schreit sie in mein Ohr, sie
müssen nur den Schein wahren.
Gegen Morgen fallen wir erschöpft in Schlaf, bis die
Krankenschwester kommt und uns weckt. Aber wie
haben Sie nur geblutet, sagt sie mit heuchlerischem
Bedauern und sieht in den Eimer mit dem Ergebnis
der Nacht. Ich fürchte, das Kind wird nicht mehr zu
halten sein. Ich muß gleich den Chef anrufen. Zu
meiner Erleichterung begreife ich, daß ich wieder
hören kann. Tut es Ihnen sehr leid? fragt die Krankenschwester. Etwas schon, sage ich und versuche,
eine betrübte Miene aufzusetzen.
Später am Vormittag kommt der Arzt, und ich werde in den Operationssaal gefahren. Sie müssen nicht
so unglücklich sein, sagt er munter. Sie haben ja

Gott sei Dank schon ein Kind. Dann wird eine Maske über mein Gesicht gestülpt, und die ganze Welt riecht nach Äther.

Als ich aufwache, liege ich im Bett in einem reinen weißen Hemd. Tutti lacht mich an. Na, sagt sie, bist du nun froh? Ja, sage ich, was hätte ich ohne dich angefangen? Das weiß sie auch nicht und meint, es könne jetzt auch gleichgültig sein. Sie erzählt, daß Morten sie heiraten will. Sie ist sehr in ihn verliebt und bewundert seine Gedichte, die gerade erschienen sind und von der gesamten Presse gelobt werden. Von dir abgesehen, sagt sie taktvoll, hat er das meiste Talent von allen Jungen heute. Das glaube ich auch, aber ich habe ihm eigentlich nie richtig nahegestanden. Ebbe kommt mit Blumen wie an ein Wochenbett und ist glücklich, weil nun endlich alles überstanden ist. In Zukunft, sagt er, müssen wir besser aufpassen.

Ich bitte Abort-Lauritz auch, mir zu zeigen, wie man das Pessar richtig einsetzt. Trotzdem habe ich einen gräßlichen Abscheu vor dem Metallding, und den behalte ich mein ganzes Leben lang. Meine Temperatur ist gleich auf das Normale gesunken, und ich habe einen Bärenhunger, nun da die Übelkeit wie durch Zauberschlag verschwunden ist. Ich habe Sehnsucht nach Helles kleinem rundlichen Körper mit den Grübchen an den Gelenken und Knien. Als Ebbe sie mitbringt, denke ich mit Entsetzen daran, daß sie es hätte sein können, der wir den Eintritt ins Leben verwehrt hätten. Ich nehme sie zu mir ins Bett und spiele lange mit ihr. Ich liebe sie zärtlicher als je zuvor.

Am Abend kommt der Arzt ohne Kittel und mit zwei Kindern an der Hand in unser Zimmer. Sie sind zehn bis zwölf Jahre alt. Fröhliche Weihnachten, sagt er herzlich und drückt uns die Hand. Die Kinder geben uns auch die Hand. Als sie gegangen sind, sagt Tutti: Er ist wirklich nett, man muß froh sein, daß es jemand gibt, der es wagt.

In der Weihnachtsnacht wache ich auf, suche Bleistift und Papier aus meiner Handtasche und schreibe im schwachen Schein der Nachtlampe ein Gedicht:

> Du suchtest Schutz bei mir,
> die ich der Angst erlag.
> Ein Schlaflied summ ich dir
> jetzt zwischen Nacht und Tag . . .

Ich bereue nicht, was ich getan habe, aber in den dunklen Irrgängen der Seele zeichnen sich doch schwache Spuren ab wie von Kinderfüßen in feuchtem Sand.

11

Die Tage, die Wochen, die Monate gehen dahin. Ich habe angefangen, Novellen zu schreiben, und der Vorhang zwischen mir und der Wirklichkeit ist wieder dicht und undurchdringlich. Ebbe geht jetzt in seine Vorlesungen, und ich bin nicht mehr so ängstlich, wenn er mit Hjalmar unterwegs ist. Zu meiner Erleichterung kümmert er sich jetzt weniger um das, was ich schreibe, so bleiben meine männlichen Personen ungestört. Aber nach dem Krach um Mulvad passe ich jetzt immer auf, daß sie keine äußerliche Ähnlichkeit mit Ebbe haben. Wenn Helle abends im Bett liegt, liest er mir Gedichte vor von Sophus Claussen oder Rilke. Der macht mir tiefen Eindruck, und ich hätte ihn niemals kennengelernt, wenn Ebbe mich nicht auf ihn aufmerksam gemacht hätte. In dieser Zeit ist er auch von Hörup sehr angetan. Begeistert steht er in unserer kleinen Stube, einen Fuß auf dem Stuhl und die Hand auf dem Herzen: Meine Hand, zitiert er mit tiefer Stimme, werde ich immer erheben gegen eine Politik, die ich für die schäbigste von allen halte, deren Ziel es ist, daß die Reichen sich zusammenrotten und die Oberklasse sich denen in den Nacken setzt, die am wenigsten Widerstand leisten können, und sie zu einem Nichts zusammendrückt. – Abends, wenn wir einander in den Armen liegen, erzählt er mir von seiner Kindheit, die der aller Männer gleicht. Es ist immer etwas mit einem Garten, ein paar Obstbäumen und einem Katapult, mit einer Kusine oder Freundin liegen sie auf einem Heuboden, aber da kommt eine Mutter oder Tante und verdirbt alles. Es ist eine langweilige Geschichte, wenn man sie ein paarmal gehört hat, aber wenn sie sie erzählen, sind sie tief ergriffen, und letzten Endes kommt es ja auch nicht so sehr darauf an, was man sich erzählt, wenn man sich beieinander nur wohlfühlt.

Wir bekommen eine neue Wohnung im Erdgeschoß des Hauses, in dem Lise und Ole wohnen. Es sind zweieinhalb Zimmer, und vorne ist ein kleiner Garten, in dem Helle umherlaufen und spielen kann. Sie ist jetzt zwei Jahre alt, und ihr vorher kahler Schädel ist plötzlich von einer Flut heller Locken bedeckt. Es ist mit ihr so einfach, daß Lise sagt, wir wüßten überhaupt nicht, was es bedeutet, ein Kind zu haben. Wenn ich vormittags schreibe, setze ich sie mit ihren Bauklötzen und Puppen zum Spielen hin, und sie hat gelernt, mich nicht zu stören. Mutter schreibt, sagt sie feierlich zu ihrer Puppe, nachher gehen wir alle aus. Sie spricht schon ganz deutlich. Ein paar Tage, bevor wir in die neue Wohnung ziehen, ruft Frau Hansen aus der Küche: Die Hipos haben die Straße abgesperrt, nun sehen Sie bloß, die haben da oben Feuer gemacht. Ich ziehe die Gardine ein bißchen zurück und sehe auf die leere Straße. Weiter oben auf der andern Seite sind die Hilfspolizisten dabei, Möbel aus dem obersten Fenster eines Hauses hinauszuwerfen. Sie verbrennen sie auf einem großen Scheiterhaufen, und an der Hauswand steht eine Frau mit zwei Kindern und reckt die Arme in die Luft, während die schreienden und kommandierenden Männer sie mit ihren Maschinenpistolen in Schach halten. Die armen Menschen, sagt Frau Hansen mitleidig, aber jetzt ist der verdammte Krieg ja glücklicherweise bald zu Ende. Als ich gerade meinen Beobachtungsposten verlassen will, se-

he ich eine Frau in voller Fahrt um die Ecke gerannt kommen und merke zu meinem Entsetzen, daß es Tutti ist. Ein Hipo ruft hinter ihr her und schießt in die Luft, da ist sie schon in der Haustür verschwunden. Als ich sie hereingelassen habe, fällt sie mir weinend um den Hals: Morten ist tot, sagt sie, und im ersten Augenblick dringen die Worte nicht in mein Bewußtsein. Ich bringe Tutti dazu, sich hinzusetzen, und sehe, daß sie zwei verschiedene Schuhe an hat. Wieso tot? frage ich, aber wie ist das möglich? Ich habe ihn doch noch vor ein paar Tagen gesehen. Tutti erzählt weinend, daß es ein Unglücksfall war, ganz sinnlos, nicht zu fassen. Er saß einem Offizier gegenüber, der ihm zeigen wollte, wie man eine Pistole mit Schalldämpfer handhabt. Plötzlich ist der Schuß losgegangen und hat Morten genau ins Herz getroffen. Er war erst 22, sagt Tutti und sieht mich hilflos an. Ich hab ihn so geliebt, ich weiß nicht, wie ich damit überhaupt fertig werden soll. Ich sehe Mortens kantiges, redliches Gesicht vor mir und denke an sein Gedicht: Der Tod ist mir vertraut, seit ich ein Knabe war. Es ist merkwürdig, sage ich, aber er hat soviel vom Tod geschrieben. Ja, sagt Tutti und wird etwas ruhiger. Es war, als ob er ahnte, daß er nicht lange leben dürfte.
Etwas später kommen Ester und Halfdan, sie sind beide tief erschüttert. Ich weiß, daß Halfdan ihm sehr nahegestanden hat. Aber was mich am meisten beschäftigt, ist der Gedanke, daß Ebbe dasselbe hätte geschehen können. Plötzlich ist es bitterer Ernst, wenn er weggeht, um Hjalmar zu treffen, und ich bin voller Angst, bis ich ihn wiedersehe. Wir ziehen in die neue Wohnung und können Lise und Ole nun auch nach der Sperrstunde sehen. Bei einer Tu-

berkuloseuntersuchung, zu der alle Studenten einmal jährlich gehen müssen, wird festgestellt, daß
Ole »etwas an der Lunge hat«, wie er sich ausdrückt.
Wenn er das nicht hätte, sagt er, würde er sich auch
als Freiheitskämpfer melden. Der Arzt ordnet an,
daß Ole ein paar Monate nach Holte in ein Heim für
tuberkulöse Studenten kommt, und Lise nimmt den
Abschied nicht besonders schwer. So kann sie auf
jeden Fall die Scheidung noch etwas hinausschieben
und sich in Ruhe ihrem Juristen widmen.
Dann kommt der 5. Mai, an dem jubelnde Men-
schenmassen sich lärmend durch die Straßen drän-
gen, als ob sie aus dem Boden wüchsen. Man umarmt wildfremde Menschen, grölt das Freiheitslied
und ruft hurra, sooft ein Wagen mit Freiheitskämp-
fern vorbeifährt. Ebbe ist in voller Montur, und ich
bin besorgt um ihn, denn noch weiß niemand, ob
sich die Deutschen ohne Kampf zurückziehen werden. Oben bei Lise und Ole stehen die Pullimutfla-
schen zum letztenmal auf dem Tisch, und es sind eine Menge Menschen da, die ich gar nicht alle kenne.
Wir tanzen und jubeln und unterhalten uns ausge-
lassen, aber das welthistorische Ereignis dringt gar
nicht richtig in mein Bewußtsein ein, denn ich erlebe
die Dinge immer erst hinterher und bin im Augenblick des Geschehens selten ganz dabei. Wir reißen
die Verdunkelungsvorhänge herunter und zertram-
peln sie. Wir benehmen uns, als ob wir sehr glücklich seien, aber wir sind es eigentlich nicht. Tutti
trauert immer noch um Morten, Lise und Ole wollen sich trennen, und Sinne hat gerade Arne verlassen, der darüber so unglücklich ist, daß er Tag und
Nacht im Bett liegt. Nadja, die ständig auf einen
Mann aus ist und immer wieder an den falschen ge-

rät, ist hinter Ebbes Bruder Karsten her, zu dem paßt sie aber wie ein Ring durch die Nase. Ich selber denke immer noch an meine Abtreibung und rechne aus, wie alt das Kind jetzt wäre. Irgend etwas ist jedem von uns mißglückt, und es ist, als sei unsere Jugend mit dem Ende der Besetzung vorbei. Im Kinderzimmer liegen Helle und Kim zusammen in einem Bett, und wenn die beiden wegen unseres Lärms zu laut weinen, geht Lise zu ihnen und singt sie wieder in den Schlaf. Draußen in der Frühjahrsnacht hängt der Mond und blickt melancholisch auf eine Schar von todmüden Nachtschwärmern, die sich nicht aufraffen können, sich zu trennen und endlich nach Hause zu gehen.

Ein paar Tage darauf kommt Ebbe blaß und erschöpft nach Hause und sagt, daß er nicht mehr mitmachen will. Er erzählt, wie Spitzel und Kriegsgewinnler im Dagmarhus behandelt werden; er zieht die Uniform aus und sein Zivilzeug an. Als ich mit Helle unsern Spaziergang auf dem Vesterbros Torv mache, sehe ich einen Trupp entwaffneter deutscher Soldaten schleppend, ohne Tritt herankommen, ihre Gesichter drücken Überanstrengung und Hoffnungslosigkeit aus. Sie sind blutjung, einige höchstens fünfzehn oder sechzehn Jahre. Ich gehe nach Hause und schreibe über sie ein Gedicht, das beginnt:

> Müde deutsche Soldaten
> gehen durch eine fremde Stadt,
> auf ihrer Stirn scheint des Frühlings Licht.
> Warum sehn sie einander nicht?
> Müde, zögernd, matt
> gehn sie nach verlorenem Krieg
> mitten durch die fremde Stadt.

Eines Tages kommt Lise und erzählt, daß Ole eine
Menge Mädchen zu einem »Tuberkelball« einladen
will, den sie draußen in dem Studentenheim veran-
stalten wollen, das Rudershöj heißt. Ebbe ist gekränkt, daß er nicht mit eingeladen wird, aber daran
läßt sich nichts ändern, Männer sind da mehr als genug. Die Einladung kommt mir sehr gelegen, denn
ich bin mit meiner Novellensammlung gerade fertig,
und wenn ich nicht schreibe, weiß ich ohnehin nie,
was ich anfangen soll. Wie Lise erzählt, soll der
Sohn der Heimleiterin mit eingeladen werden, damit er seine Mutter rechtzeitig ins Bett schickt.
Als wir kommen, ist das Fest schon voll im Gange.
Ein lokales Orchester spielt zum Tanz auf, und keiner von den Studenten wirkt wie ein Tuberkulose-
kranker, jedenfalls nicht mehr als Ole, und der sieht
aus wie das blühende Leben. Eine vollbusige Dame
kommt eilenden Schrittes und begrüßt uns. Das ist
offensichtlich die Heimleiterin. Ich tanze mit vielen
verschiedenen Partnern in einem großen, leerge-
räumten Saal mit Parkettboden und hochlehnigen
Stühlen an den Wänden. Das Heim liegt in einem
großen Park, darüber hängt an jenem Abend ein
Regenschleier, grün und schwarz und von einem
dunstigen Mond versilbert, der hinter den Wolken
kommt und geht. In einer Art Vorzimmer ist eine
Bar eingerichtet mit hohen Stühlen und einem Bar-
keeper, der richtigen Alkohol ausschenkt und keinen Pullimut. Irgendwie fühle ich mich glücklich
und befreit und habe eine unbestimmte Vorahnung,
als ob etwas Besonderes geschehen werde, bevor
die Nacht vorbei ist. Ich trinke Whisky und werde
beschwipst und fröhlich und übermütig. Auf einem
der Barhocker sitzt ein junger Mann, auf seinem

Schoß Sinne. Ich setze mich daneben und sage wenig loyal: Du setzt auf das falsche Pferd, sie ist mit einem Schwarzhändler verlobt. Der junge Mann lacht und fegt Sinne von seinem Schoß, als sei sie ein Staubkorn. Ich habe bisher nicht geglaubt, sagt er zu mir, daß Dichterinnen schön sein könnten. Plötzlich kommt sein Gesicht hervor aus dem Schatten eines Lampenschirms, und ich ertappe mich dabei, wie ich es mit der Aufmerksamkeit eines Miniaturenmalers betrachte. Er hat dünnes, rötliches Haar, ruhige graue Augen und so unregelmäßige Zähne, daß es aussieht, als säßen sie in zwei Reihen. Ich erfahre, daß er der Sohn der Heimleiterin ist und gerade seine Ausbildung als Arzt beendet hat. Es ist erstaunlich, einem Studenten zu begegnen, der sein Ziel erreicht hat. Er tanzt mit mir, aber wir treten einander auf die Zehen und müssen es lachend aufgeben. Statt dessen gehen wir im Park spazieren. Der Morgen dämmert schon, und die Luft ist wie feuchte Seide. Er küßt mich unter einer silbergrauen Birke. Plötzlich kommt seine Mutter herausgeschossen mit wogendem violettem Seidenbusen und wedelt mit den Armen. O Gott, Jugend, stöhnt sie. Was sie bewegt, äußert sich meistens in nur halb verständlichen lyrischen Ausbrüchen. Auf einmal fällt ihrem Sohn − er heißt Carl − sein den Studenten gegebenes Versprechen ein, seine Mutter ins Bett zu lotsen; er murmelt etwas wie »sehen uns nachher noch« und verschwindet mit ihr im Haus.
Danach gibt es keine Hemmungen mehr. Man tanzt, trinkt und amüsiert sich, und Paar um Paar verschwindet über die Treppe nach oben und wird nicht mehr gesehen. Ich bin so beschwipst wie lange nicht mehr, und als Carl mir vorschlägt, nach oben

in das Zimmer zu gehen, wo er schlafen soll, erscheint mir das als ausgezeichnete Idee. Vergessen ist Ebbe, vergessen mein Gelübde, ihm treu zu bleiben.

Am Morgen wache ich mit fürchterlichen Kopfschmerzen auf. Ich blicke auf den schlafenden Mann an meiner Seite und entdecke, daß er eigentlich ziemlich häßlich ist mit all seinen Zähnen und seinem vorstehenden Unterkiefer, der sie nicht verbergen kann. Ich wecke ihn und sage, daß ich nach Hause will. Ich bin zerschlagen und schlechter Laune; während ich mich anziehe, rede ich kein Wort mit ihm. Ich beschließe, ihn niemals wiederzusehen; als er fragt, ob er mich nach Hause bringen soll, sage ich nein danke. Ich möchte am liebsten allein nach Hause gehen. Als ich wieder in den unordentlichen Saal komme, setze ich mich einen Augenblick auf einen Barhocker. Da kommt Sinne die Treppe herunter, ihr folgt ein sehr großer junger Mann, der ihren Büstenhalter in der Hand hält. Ohne von ihm weiter Notiz zu nehmen, kommt sie zu mir und fragt: Barmherziger Gott, was war das eigentlich, was wir getrunken haben? Er war grauenhaft, zwei Meter lang, und er hat weiß Gott nur noch eine halbe Lunge. Sie schnappt sich ihren Büstenhalter und verschwindet mit einem verschlafenen Gähnen.

Ich verlasse den Kampfplatz und radle heim zu Ebbe, der wütend ist, weil ich die ganze Nacht weggeblieben bin. Du bist sicher mit irgend jemand im Bett gewesen, sagt er. Ich beteure meine Unschuld, finde es aber im Grunde lächerlich, dem soviel Bedeutung beizumessen. Es gibt doch eine andere Form der Treue, die sehr viel wesentlicher ist. Erst als ich im Bett liege, fällt mir ein, daß ich kein Pessar eingesetzt hatte. Dafür habe ich sonst seit meiner Abtreibung immer gesorgt. Ich denke aber, falls etwas geschehen sein sollte, ist er ja Arzt, und so müßte es leichter gehen als das letztemal.

12

Großer Gott, sage ich, er hat einen vorstehenden Unterkiefer und 64 Zähne im Munde statt 32. Und ich weiß nicht einmal, ob er es gewesen ist oder Ebbe. Was soll ich tun, Lise?
Ich laufe im Zimmer hin und her, und Lise betrachtet mich mit gerunzelter Stirn. Du wirst auch schon schwanger, wenn du bloß in Zugluft stehst, sagt sie mit einem Seufzer. Aber wenn er Arzt ist, kann er doch etwas tun, ohne daß du dich so abrackern mußt wie das letztemal. Ja, aber ihn überhaupt wiederzusehen, sage ich verzweifelt, und was soll ich Ebbe sagen? Es geht mit uns beiden gerade so gut wie noch nie. Doch Lise beweist mir geduldig, daß ich einfach gezwungen bin, ihn wiederzusehen. Ich könne seine Mutter anrufen, um zu erfahren, wo er wohnt. Und Ebbe könne ich doch erzählen, was ich wolle, daß ich zu Nadja ginge oder zu Ester, oder daß ich meine Eltern besuchte. Er sei ja nicht die Spur mißtrauisch. Dann trinken wir miteinander Kaffee, und Lise erzählt mir, daß die Dinge bei ihr selbst nicht gerade zum besten stünden. Der Jurist will sich nicht scheiden lassen, aber er will auch nicht auf sie verzichten. Es ist fürchterlich mit diesen Männern, die zwei Frauen haben, sagt sie. Jede leidet vor sich hin, und der Mann kann sich nicht entscheiden. Sie streicht ihr kurzes braunes Haar aus der Stirn und sieht so verlassen aus, daß ich ein ganz schlechtes Gewissen bekomme, weil ich sie ständig mit meinen Problemen überfalle. Wenn ich nicht gerade was schreibe, sage ich, werde ich schwanger. Darüber müssen wir nun doch lachen, und wir sind beide der Meinung,

daß ich in dieser Sache etwas tun müsse. Ich muß seine Adresse erfahren, ihn aufsuchen und es wegmachen lassen.

Am nächsten Tag ruft er von sich aus an und fragt, ob wir uns nicht bald einmal sehen können. Ich sage ja, und wir verabreden, daß ich den nächsten Abend zu ihm hinauskomme. Er wohnt im Biochemischen Institut, wo er auch arbeitet. Er ist Wissenschaftler. Zu Ebbe sage ich, ich sei bei Nadja eingeladen. In der Dämmerung fahre ich mit dem Rad zur Nörre Allé, wo die Bäume so unbeweglich stehen wie auf einer Zeichnung. Es ist Sommer, ich habe ein weißes Leinenkleid an, das ich von Sinne gekauft habe. Carls Zimmer sieht aus wie alle Studentenbuden: Ein Bett, ein Tisch, ein paar Stühle und mehrere Regale voller Bücher. Er hat belegte Brote gekauft und Bier und Schnaps, aber ich rühre nichts davon an. Als wir am Tisch sitzen, sage ich: Ich bin schwanger, und ich will kein Kind haben, wenn ich nicht weiß, wer der Vater ist. Nein, sagt er ruhig und sieht mich ernst an mit seinen grauen Augen, die das einzig Hübsche an ihm sind. Aber dabei werde ich dir schon helfen. Du kannst morgen abend kommen, dann machen wir eine Ausschabung. Er sagt das, als ob so etwas zu seiner täglichen Arbeit gehöre, und wirkt alles in allem wie ein Mensch, den nichts aus dem Gleichgewicht bringen kann. Ich lächle erleichtert und sage: Kannst du das auch mit Betäubung machen? Du bekommst eine Injektion, sagt er, dann merkst du gar nichts. Eine Injektion, frage ich, womit? Morphin oder Pethidin, sagt er, Pethidin ist am besten. Viele Menschen müssen sich nach Morphin übergeben. Nun bin ich beruhigt und esse und trinke doch mit ihm. Es ist nur acht Tage über die

Zeit, und ich verspüre noch keine Übelkeit. Carl hat kleine, schmächtige, rasche Hände, sie erinnern ein wenig an die von Viggo F. Er hat eine hübsche Stimme und eine angenehme Art zu sprechen. Er erzählt, daß er in Herlufsholm zur Schule gegangen ist, daß seine Mutter geschieden wurde, als er zwei Jahre alt war, und daß er sein Leben lang, solange er zurückdenken könne, gewünscht habe, sie möge wieder heiraten. Er erzählt auch, sein Vater sei, soviel er wisse, in einem Trinkerheim, er selbst habe aber niemals, seitdem der Vater die Familie verlassen hat, Kontakt mit ihm gehabt. Weiter erzählt er, er habe, seitdem wir uns gesehen hätten, alles gelesen, was ich geschrieben habe und sicher könnten wir miteinander ein wohlgeratenes Kind zustandebringen. Er könne sich gut vorstellen, sagt er, mit mir verheiratet zu sein. Aber ich habe einen ausgezeichneten Mann, sage ich, und ein reizendes Kind, deshalb müssen wir damit wohl noch ein bißchen warten. Ja, sagt er und reibt sich das Kinn, wie um festzustellen, ob er Bartstoppeln hat, es wäre auch nicht ratsam, mich zu heiraten. Ich muß dir sagen, daß ich ein bißchen geisteskrank bin. Er sagt das ganz ernst, und ich frage, was in aller Welt er damit meine. Doch das kann er nicht so einfach erklären, es sei nur etwas, was er in sich fühle. Er sagt, in der Familie seines Vaters seien viele Geisteskranke, und seine Mutter sei eigentlich auch nicht ganz normal. Ich lache und denke nicht weiter darüber nach. Als ich gehen will, küßt er mich sanft, macht aber keinerlei Versuch, mit mir ins Bett zu gehen. Ich glaube, ich bin verliebt in dich, sagt er, aber das hat wohl keinen Zweck.

Als ich nach Hause komme, sitzt Ebbe da, liest Thö-

ger Larsens Gedichte und zieht an seiner Pfeife. Die
hat er sich angeschafft, weil er gelesen hat, daß man
vom Zigarettenrauchen Krebs bekommen kann.
Und er will nicht vorzeitig von mir und Helle weg-
sterben. Er fragt mich, wie es Nadja geht, und ich
antworte wahrheitsgemäß, daß sie jetzt mit einem
von den Jungkonservativen verlobt sei und so reak-
tionäre Ansichten äußere, als ob sie aus der Zeit vor
Friedrich VII. stamme. Darüber amüsiert er sich
und sagt, sie solle heiraten und Kinder kriegen. Wir
werden alt, sagt er und kratzt die Pfeife über dem
Aschenbecher aus. Er ist siebenundzwanzig, und
ich bin fünfundzwanzig. Wenn ich an meine Kinderzeit denke, sagt er, fühle ich wie Thöger Larsen.
Hör mal zu:

> Sei froh, wenn du spürst einen welken Schein
> von der Kindheit Frühling im Traum.
> Eine Sonne der Gnade. Dein Vater ist nah.
> In der Küche sorgt deine Mutter.

Meine Mutter, wende ich ein, ist über fünfzig, und
mir kommt sie durchaus noch nicht alt vor. Meine
Mutter ist fünfundsechzig, sagt er, in meinen Augen
war sie niemals jung. Das ist schon ein Unterschied.
Ich kann ihm nicht recht folgen, wenn er von seinem
hohen Alter spricht, und alles das, was ich vor ihm
geheimhalten muß, bewirkt auch einen gewissen
Abstand zwischen uns. Als wir ins Bett gehen, sage
ich, ich sei müde und wolle gleich schlafen. Morgen,
sage ich, will ich in die Stadt und mal sehen, wie
Ester und Halfdan wohnen. Als er sagt, er wolle
mitgehen, wende ich ein, wir könnten Lise nicht immer zumuten, auf Helle aufzupassen, und seine
Mutter sei darauf ja auch nicht so sehr versessen.

Aber ich verspreche, beizeiten nach Hause zu kommen.

Als ich am nächsten Abend auf dem Wege zu Carl in der Straßenbahn sitze, überlege ich mir, daß es ja durchaus nicht sicher ist, daß ich schwanger bin. Es kann ja eine Unregelmäßigkeit der Menstruation sein, wie sie bei so vielen Frauen auftritt. Ich sage mir das, weil ich verhindern will, daß neben Helle noch ein Schatten aufwächst und ich mir dauernd überlegen muß, wie alt der jetzt wäre. Ich weiß, daß viele Frauen ausgeschabt werden, um den inneren Ablauf in Ordnung zu bringen. Als ich hereinkomme, sehe ich, daß Carl für sein Vorhaben einen hohen Tisch beschafft hat. Der Tisch steht mitten im Zimmer und ist mit einem weißen Laken bedeckt. Er hat auch sein Kopfkissen daraufgelegt, damit ich bequem liege. Er selbst hat einen weißen Kittel an, und er bittet mich freundlich, Platz zu nehmen, während er sich die Hände wäscht und die Nägel schrubbt. Auf dem Bücherbord neben dem Tisch liegen einige blanke Instrumente. Als er mit dem Händewaschen fertig ist, nimmt er eine Spritze von dem Glasbord über dem Waschbecken. Darin ist eine klare Flüssigkeit, und er legt die Spritze neben die Instrumente, bevor er einen Gummischlauch um meinen Oberarm bindet. Du spürst nur einen kleinen Stich, sagt er ruhig, das merkst du kaum. Er klopft leicht auf die Innenseite meines Ellbogens, bis eine blaue Ader deutlich hervortritt. Du hast gute Venen, sagt er. Er sticht zu, und als die Flüssigkeit aus der Spritze in meinem Arm verschwindet, durchströmt ein vorher niemals erlebtes Glücksgefühl meinen Körper. Der Raum erweitert sich zu einem strahlend hellen Saal, und ich fühle mich ganz schlaff, betäubt und glücklich wie niemals zuvor. Ich rolle mich auf die Seite und schließe die Augen. Laß mich liegen, höre ich mich selbst sagen wie durch viele Lagen Watte, du brauchst überhaupt nichts mit mir zu machen.

Als ich aufwache, ist Carl wieder beim Händewaschen. Das Glücksgefühl ist noch da, und ich habe eine Ahnung, daß es verschwindet, wenn ich mich bewege. Du kannst nun aufstehen und dich anziehen, sagt Carl, während er sich die Hände abtrocknet, es ist überstanden. Ich gehorche ihm langsam, ohne ihm zu erzählen, wie glücklich ich bin. Er fragt, ob ich ein Glas Bier trinken möchte, aber ich schüttele den Kopf. Er sagt, ich brauchte jetzt etwas Flüssigkeit, und holt ein Mineralwasser hervor, das ich mit Widerwillen trinke. Er setzt sich neben mich auf das Bett und küßt mich vorsichtig. War es schlimm? fragt er. Nein, sage ich. Wie heißt das eigentlich, was du in mich hineingespritzt hast? Pethidin, sagt er, das ist ein schmerzstillendes Mittel. Ich nehme seine Hand und halte sie an meine Backe. Ich bin in dich verliebt, sage ich, ich komme bald wieder. Er sieht vergnügt aus, und in diesem Augenblick finde ich ihn fast hübsch. Er hat ein solides und dauerhaftes Gesicht, das dafür geschaffen ist, ein Leben lang zu halten. Ebbes Gesicht ist zerbrechlich und hat schon an vielen Stellen Sprünge, und vielleicht ist es verbraucht, bevor er vierzig ist. Das ist ein eigenartiger Gedanke, und ich kann ihn nicht richtig ausdrücken. Wenn ich wiederkomme, sage ich langsam, bekomme ich dann wieder eine Spritze von diesem Zeugs? Er lacht laut und reibt sich das vorstehende Kinn. Tja, sagt er, wenn du meinst, daß es so wunderbar war. Du hast ja doch wirklich keine

Veranlagung, süchtig zu werden. Ich könnte mir gut
vorstellen, mit dir verheiratet zu sein, sage ich und
streiche über sein weiches, dünnes Haar. Und was
ist mit deinem Mann? fragt er. Ach, ich ziehe einfach aus und nehme Helle mit, sage ich. Während
der Rückfahrt in der Straßenbahn klingt die Wirkung der Spritze langsam ab, und es kommt mir vor,
als ob sich ein grauer, schleimiger Schleier über alles
lege, was ich vor Augen habe. Pethidin, denke ich,
der Name ist wie ein Vogellaut. Ich beschließe, den
Mann niemals aufzugeben, der mir einen so unbe-
schreiblichen, glückseligen Genuß verschaffen
kann.

Als ich nach Hause komme, will Ebbe wissen, wie es
Ester und Halfdan geht, aber ich antworte nur einsilbig. Er fragt mich, was los ist, und ich sage, ich
hätte Zahnschmerzen. Ich rolle mich im Bett auf die
Seite mit dem Rücken zu Ebbe und taste nach der
schwachen Spur des Einstiches im Ellbogengelenk.
Ich bin besessen von dem einzigen Gedanken, das
Erlebnis zu wiederholen, und Ebbe ist mir so vollkommen gleichgültig wie alle andern Menschen außer Carl.

Teil II

1

Ebbe ist jetzt tot, und wenn ich mir seine Züge ins Gedächtnis zu rufen versuche, sehe ich ihn immer, wie er an dem Tag aussah, als ich ihm sagte, es gebe einen andern. Wir saßen mit Helle am Tisch und aßen. Er legte Messer und Gabel hin und schob den Teller weg. Er war blaß geworden, und ein Nerv in seiner einen Wange vibrierte ein wenig, aber das war auch das einzige Zeichen von Gemütsbewegung. Er stand auf, ging an das Regal, nahm seine Pfeife und begann, sie umständlich zu stopfen. Dann ging er im Zimmer auf und ab, gewaltig an seiner Pfeife ziehend, dabei sah er an die Zimmerdecke, als ob er da eine Lösung fände. Willst du dich also scheiden lassen? fragte er mit ruhiger, klangloser Stimme. Das weiß ich noch nicht, sagte ich, vorläufig können Helle und ich ja erstmal für eine Weile ausziehen. Vielleicht kommen wir zurück. Plötzlich legte er die Pfeife weg und nahm Helle auf den Arm, etwas, was er selten tat. Vater traurig, sagte sie und legte ihre Backe an seine. Nein, sagte er und zwang sich zu einem Lächeln, iß nun weiter. Er setzte sie zurück in den Kinderstuhl, griff zur Pfeife und nahm seine Wanderung wieder auf. Dann sagte er: Ich weiß auch nicht, warum die Menschen unbedingt heiraten oder zusammenziehen müssen. Man ist für ein ganzes Menschenleben gezwungen, denselben Menschen jeden Tag zu sehen, daran ist etwas Unnatürliches. Vielleicht geht es besser mit uns, wenn wir uns nur besuchen. Wer ist der Mann? fügte er hinzu, ohne mich anzusehen. Er ist Arzt, sagte ich, ich habe ihn auf dem Tuberkelball getroffen. Er setzte sich wieder hin, und ich sah, daß seine Stirn von Schweiß naß war. Dann sagte er und sah immer noch an die Decke: Glaubst du, daß er dir eine Weltanschauung geben kann? Wenn Ebbe aufgeregt war, sagte er immer etwas Dummes. Ich verstehe das Wort nicht, sagte ich, eine Weltanschauung ist ja wohl nicht dazu da, sie jemand anders zu geben.

Als wir im Bett lagen, nahm er mich zum letztenmal in die Arme, aber er merkte, daß ich weit weg und zerstreut war. Ja, sagte er, du hast dich in einen andern verliebt. Das ist etwas, was auch andern passiert ist, etwas ganz Alltägliches in unserer Umgebung. Trotzdem ist es ganz unwirklich für mich. Trotzdem fühle ich mich völlig vernichtet, wenn ich das auch nicht zeige. Das ist immer mein Fehler, daß ich mich nicht traue, meine Gefühle zu zeigen. Wenn ich gezeigt hätte, wie sehr ich dich liebe, wäre das jetzt vielleicht nicht geschehen. Ebbe, sagte ich, und legte die Finger auf seine Augenlider, wir wollen einander oft besuchen, und vielleicht kannst du Carl kennenlernen. Vielleicht kommen wir drei ganz gut miteinander aus. Nein, sagte er mit plötzlicher Heftigkeit, ich will den Mann niemals sehen, nur dich und Helle. Ich stützte mich auf den Ellbogen und betrachtete einen Augenblick das hübsche junge Gesicht mit den zarten, weichen Zügen. Wenn ich ihm nun die Wahrheit sagte, wenn ich ihm erzählte, daß es eine klare Flüssigkeit in einer Spritze war, in die ich mich verliebt hatte, und nicht in den Mann, der über die Spritze verfügte? Aber ich erzählte es nicht, ich erzählte es überhaupt niemand. Das wäre wie in meiner Kinderzeit: Süße Geheimnisse wurden zerstört, wenn man den Erwachsenen davon erzählte. So drehte ich mich auf die andere Seite und schlief ein. Am nächsten Tag würden Helle und ich nach Charlottenlund in die Pension ziehen, die Carl für uns gefunden hatte.

Es war eine Pension für alleinstehende Damen. Die Zimmereinrichtung bestand aus cretonnebezogenen Korbmöbeln, einem Schaukelstuhl mit an die Rükkenlehne gehängtem Kissen, einem hohen Eisenbett aus den achtziger Jahren und einem kleinen Damenschreibtisch, der fast zusammenbrach, als ich meine schwere Schreibmaschine daraufstellte. Selbst Helles kleines Gitterbett wirkte viel zu wuchtig in dieser zerbrechlichen Umgebung, von ihr selbst gar nicht zu reden. Sie spielte Schiff mit dem umgekippten Schaukelstuhl und machte sich gleich am ersten Tag daran, eine abscheulich düstere lebensgroße Christusfigur anzuknabbern, die hinter dem Schreibtisch angebracht war. Sie aß damals gerade gern Kalk. Durch die klösterliche Stille gellte ihre schrille Kinderstimme mit herausfordernder Eindringlichkeit, und die alten Damen tauchten eine nach der andern in der Tür auf und baten um etwas Ruhe. Ich weiß nicht, warum man uns überhaupt erlaubt hatte, hier zu wohnen. Als ich am nächsten Tag morgens anfing, Maschine zu schreiben, geriet die ganze Pension in Aufruhr, und die Pensionsinhaberin, selbst eine alte Dame, kam herein und fragte, ob der Lärm notwendig sei. Alle ihre Pensionäre seien Menschen, sagte sie, die sich vom Leben zurückgezogen hätten. Anscheinend betrachteten ihre Familien sie schon als verstorben. Auf jeden Fall besuchten sie sie nie und warteten nur auf das kleine Erbe, das eines Tages übrigbleiben würde. Ich beobachtete die alte Dame genau, während sie sprach, denn ich wollte hierbleiben. Ich mochte die Gegend gern, das Zimmer und die Aussicht auf zwei junge Ahornbäume, zwischen denen eine zerschlissene Hängematte hing, deren Netzgeflecht noch mit Schnee bedeckt war, obwohl wir fast

März hatten. Die Dame hatte ein leidendes und sanftes Gesicht mit schönen, freundlichen Augen, und sie nahm Helle so vorsichtig auf ihren Schoß, als ob die robuste Kleine bei der geringsten Berührung zerbrechen könnte. Ich machte mit der Dame ab, daß ich zwischen eins und drei nicht auf der Maschine schreiben würde, wenn die Damen ihre Mittagsruhe hielten, und außerdem versprach ich, die Damen zwischendurch immer mal zu besuchen, weil ihre Verwandten sie ganz vergessen hatten. Es machte mir Spaß, mich mit den Damen zu unterhalten, soweit sie nicht vollkommen taub oder durch ihr Los auf diesem Altenteil böse und verbittert geworden waren. Und es fand sich auch immer die eine oder die andere bereit, nach Helle zu sehen, wenn ich abends bei Carl war. Das war ich oft. Ich lag auf seiner Couch und beobachtete ihn, während er arbeitete. Er hatte eine Menge Kolben und Reagenzgläser überall im Zimmer stehen. Er schmeckte am Inhalt der Reagenzgläser, bewegte die Zunge prüfend zwischen den Lippen und trug Notizen in ein großes Protokoll ein. Ich fragte, was das sei, woran er schmeckte. Pipi, sagte er ruhig. Ih, rief ich entsetzt. Darauf lächelte er und sagte: Es gibt nichts so Sauberes wie Pipi. Er hatte einen sonderbaren, vorsichtigen Gang, als ob er bemüht sei, einen Schlafenden nicht aufzuwecken, und sein dünnes Haar hatte im Schein der Schreibtischlampe einen kupfernen Glanz. Die ersten drei Male, die ich ihn besuchte, gab er mir jedesmal eine Spritze und ließ mich passiv und träumend daliegen, ohne mich zu stören. Aber beim viertenmal sagte er: Nein, wir wollen vorläufig lieber aufhören damit, das ist ja kein Lakritzen. Ich war so enttäuscht, daß mir die Tränen kamen. Wenn Ebbe mich und Helle besuchte, war er fast immer betrunken, und sein Gesicht war so nackt und wehrlos, daß ich es nicht ertragen konnte, ihn anzusehen. Ich dachte, während ich dasaß und die beiden Ahornbäume betrachtete, in deren vom Wind bewegten Zweigen die Sonne hing und gleitende Schatten auf den Rasen zeichnete, daß mich eigentlich kein Mann mehr heiraten dürfte. Ebbe spielte ein wenig mit Helle, und sie sagte: Vater ist lieb. Helle mag Carl nicht. Das war wirklich so, und es dauerte lange, bis sie es duldete, daß er sie anfaßte.

Ich hatte meine Novellensammlung abgeliefert und verspürte augenblicklich keine Lust, etwas zu schreiben. Ich dachte fast immer darüber nach, wie ich Carl dazu bringen könnte, mir wieder Pethidin zu geben. Ich erinnerte mich, daß er gesagt hatte, es sei ein schmerzstillendes Mittel. Wo, sollte ich sagen, tue es mir weh? Mein eines Ohr näßte manchmal infolge einer alten, unbehandelten Mittelohrentzündung. Eines Tages, während ich auf Carls Bett lag und ihm zusah, wie er im Zimmer umherging und abwechselnd zu mir und sich selbst kleine Bemerkungen machte, faßte ich an mein Ohr und sagte: Au, mein Ohr tut mir so entsetzlich weh. Er kam und setzte sich auf die Bettkante. Ist es schlimm? fragte er mitleidig. Ich verzog das Gesicht, als ob ich große Schmerzen hätte. Ja, sagte ich, es ist kaum auszuhalten, ich hab das immer mal von Zeit zu Zeit. Er zog die Lampe heran, so daß er in mein Ohr sehen konnte. Das fließt ja, sagte er erschrocken, du mußt mir versprechen, damit zu einem Ohrenarzt zu gehen. Ich werde dir sagen, zu welchem. Er streichelte mir die Backe: So, sagte er, nun kriegst du eine Spritze. Ich lächelte ihn dankbar an, während die Flüssigkeit in meine Blutbahn floß und mich auf die einzige Ebene hob, auf der zu leben mir noch etwas bedeutete. Dann ging er mit mir ins Bett. Das tat er immer, wenn die Wirkung am stärksten war. Seine Umarmung war sonderbar kurz und brutal, ohne Vorspiel, ohne Zärtlichkeit, und ich fühlte nichts dabei. Leichte, zarte, unbeschwerte Gedanken gingen mir durch den Kopf. Ich dachte mit Wärme an alle meine Freunde, die ich so gut wie nie mehr sah, und ich führte imaginäre Gespräche mit ihnen. Wie ist es möglich, sagte Lise neulich, sich in ihn zu verlieben? Ich antwortete, daß man ja niemals anderer Leute Verliebtheit verstehen könne. Ich lag so ein paar Stunden, bis die Wirkung langsam aufhörte, und es wurde schwerer und schwerer, in den nackten, nüchternen Zustand zurückzufinden. Alles war grau, schleimig, böse, unerträglich. Als ich auf Wiedersehen sagte, fragte Carl, wann ich meine Scheidung in Ordnung bringen könne. Jederzeit, versprach ich; ich dachte, wenn ich erst mit ihm verheiratet sei, werde es viel leichter sein, ihn dahin zu bringen, daß er mir eine Spritze gebe. Möchtest du nicht doch noch ein Kind haben? fragte er, als er mich die Treppe hinunterbrachte. Ja, sagte ich sofort, denn ein Kind würde ihn fester an mich binden, und ich hatte nur den einen Wunsch, ihn für den Rest meines Lebens festzuhalten.

2

Bei der Scheidung bekam ich die Wohnung zugespro-
chen, und ich zog mit Helle und Carl dahin zurück.
Ebbe zog wieder zu seiner Mutter, und dort besuchte
ich ihn, wenn er mich anrief. Er setzte keinen Fuß
mehr in die Wohnung aus Angst, Carl zu treffen. Häu-
fig kamen dagegen Lise und Ole und Sinne und Arne,
die wieder zusammengezogen waren, weil der
Schwarzmarkthändler im Kittchen saß. Zu Ebbes
Zeiten hatte ich dieses zu nichts verpflichtende Hin
und Her als höchst angenehm empfunden, aber jetzt
störte es mich über alle Maßen. Ebenso störte es Carl,
der auf alle meine Freunde furchtbar eifersüchtig
war. Wenn die andern bei uns waren, saß er mit einem
genierten und sanften Lächeln um den Mund da und
beteiligte sich so gut wie gar nicht am Gespräch. Ist er
nicht doch ein bißchen sonderbar? fragte Lise mich eines Tages vorsichtig. Ich erklärte ihr kurz und bündig,
daß er tagsüber hart arbeite und abends müde sei.
Und du selbst? fragte sie hartnäckig, du hast dich verändert, seitdem du ihn kennengelernt hast. Du hast
auch abgenommen, du siehst nicht gerade wohl aus.
Ich entgegnete ihr aufgebracht, sie habe sich nie um
andere Menschen als die Studenten aus Höng gekümmert, und wenn jemand keinen Unsinn mache und
nicht dauernd rede und sich betrinke, halte sie ihn für
sonderbar. Das verletzte sie so sehr, daß sie sich für eine ganze Weile von mir zurückzog.
Eines Abends kurz nach unserer Heirat luden Arne
und Sinne uns zum Essen ein. Sinne hatte vom elterli-
chen Hof ein halbes Ferkel geschickt bekommen, und
das sollte gefeiert werden. Carl sagte, er wolle nicht

mitgehen, und meinte, ich solle lieber auch zu Hause
bleiben. Wenn man konzentriert arbeiten muß, sagte
er mit dem entschuldigenden Tonfall, der niemals seine wirkliche Stimmung verriet, darf man nicht so viele
Beziehungen haben. Das sind meine Freunde, prote-
stierte ich, ich sehe keinen Grund, warum ich nicht
hingehen soll. Wenn du eine Spritze bekommst, sagte
er sanft, würdest du dann zu Hause bleiben? Ja, sagte
ich überwältigt und zum erstenmal ein bißchen erschrocken, meinetwegen. Am Morgen darauf fühlte
ich mich so elend, daß ich außerstande war, aufzuste-
hen und für ihn Kaffee aufzugießen. Das Licht tat
meinen Augen weh, und ich konnte kaum die rissigen
und trockenen Lippen auseinanderbekommen. Es
war, als ob meine Haut die Berührung des Lakens und
des Bettbezuges nicht aushalten könne. Worauf mein
Blick auch fiel, alles war häßlich, hart und scharf.
Schlecht gelaunt stieß ich Helle weg, so daß sie anfing
zu weinen. Was ist los? fragte Carl. Ist es wieder dein
Ohr? Ja, wimmerte ich und zog an meinem Ohr. Lieber Gott, dachte ich verzweifelt, laß ihn nur dieses eine letzte Mal daran glauben. Laß ihn nicht weggehen,
bevor er mir eine Spritze gegeben hat. Laß mich das
gleich sehen, sagte er liebevoll und nahm einen Oh-
renspiegel und eine kleine Leuchte aus dem obersten
Fach des Kleiderschrankes, wo auch die Instrumente
von der Ausschabung lagen. Das sieht ganz harmlos
aus, murmelte er, und wo du nun zweimal in der Woche zum Ohrenarzt gehst, sollte das eigentlich unter
Kontrolle sein. Während er das Ohr spiegelte, be-
mühte ich mich, nicht zu blinzeln, damit mir Tränen in
die Augen traten. Das macht mir wirklich Sorge, sagte
er, während er die Spritze füllte, wenn das nicht
anders wird, bleibt nur die Operation. Ich muß mit

Falbe Hansen darüber sprechen. Das war der Ohrenarzt, zu dem er mich geschickt hatte. Warum piekst du
Mutter? fragte Helle, die das noch nie gesehen hatte.
Ich impfe sie gegen Diphtherie, sagte Carl, das ist bei
dir ja auch gemacht worden. Das macht man auf der
Schulter, wandte sie ein, warum machst du es in den
Arm? Das macht man bei erwachsenen Menschen so,
sagte er und zog die Nadel heraus. Schlaff und weit
weg und selig sah ich zu, wie er Kaffee trank und Helle
mit ihrem Haferbrei fütterte. Träge und glücklich sagte ich ihm auf Wiedersehen, aber weit hinten in meinem umnebelten Bewußtsein lag eine kleine Angst
und nagte. Operation! Meinem Ohr fehlte nichts.
Dann vergaß ich es wieder und lag und phantasierte
von einem Roman, den ich schreiben wollte. Der sollte »Um des Kindes willen« heißen, und ich schrieb ihn
in Gedanken. Lange, schöne, glatte Sätze gingen mir
durch den Kopf, und ich lag auf der Couch und blickte
auf die Schreibmaschine, ohne zu einer einzigen Bewegung auf sie zu fähig zu sein. Helle krabbelte um
mich herum und mußte sich allein anziehen. Ich sagte,
sie solle hinaufgehen und Kim holen, dann könnten
sie miteinander im Garten spielen. Als die Wirkung
der Spritze nachließ, brach ich in Tränen aus und zog
mir die Bettdecke bis unter das Kinn, denn ich klap-
perte vor Kälte, obwohl es Anfang des Sommers war.
Das ist schrecklich, sagte ich laut in das leere Zimmer,
ich kann es nicht aushalten. Wie soll das enden? Mit
Mühe zog ich mich an, denn meine Hände zitterten,
und jedes Stück kratzte auf der Haut. Ich dachte daran, Carl anzurufen, damit er nach Hause käme und
mir eine neue Spritze gäbe. An die vor mir liegenden
Stunden dachte ich wie an Jahre, und ich wußte nicht,
wie ich sie überstehen sollte. Dann bekam ich heftige

Leibschmerzen und mußte auf die Toilette. Ich hatte Durchfall und mußte alle fünf Minuten hinausrennen.

Später am Tag ging es etwas besser. Ich setzte mich sogar an die Schreibmaschine und fing den Roman an, der so lange in meinem Kopf gespukt hatte. Aber ich schrieb nicht so leicht und flüssig wie sonst, und ich konnte meine Gedanken nicht auf den Stoff konzentrieren. Die ganze Zeit sah ich auf meine Armbanduhr, um festzustellen, wie lange es noch dauerte, bis Carl nach Hause käme.

Um die Mittagszeit bekam ich Besuch von John. Das war Carls Freund, ein Medizinstudent, der Tuberkulose hatte und auf Rudershöj bei meiner Schwiegermutter wohnte. Ich mochte ihn nicht, denn er hatte die Angewohnheit, in einer Ecke zu sitzen und mich mit seinen Röntgenaugen anzustarren, ohne ein Wort zu sagen, als ob ich eine schwierige Aufgabe sei, die er um jeden Preis lösen müsse. Carl und er redeten meistens über meinen Kopf hinweg über unverständliche wissenschaftliche Fragen, und ich war bisher noch nie mit ihm allein gewesen. Ich möchte gern etwas mit dir besprechen, sagte er ernst, hast du einen Augenblick Zeit? Ich bat ihn herein, während mein Herz schneller zu klopfen begann unter einer sonderbaren, unbestimmten Furcht. John nahm meinen Schreibtischstuhl, und ich setzte mich auf die Couch. Wenn er saß, hatte man den Eindruck, er sei ziemlich groß, weil sein Gesicht groß und vierkantig war, weil er breite Schultern hatte und sein Oberkörper lang und nach vorn gebeugt war. Aber er hatte sehr kurze Beine und wurde nicht viel größer, wenn er aufstand. Sie hatten zusammen im Studentenheim Regensen gewohnt und einander bei der Abfassung der Gold-

medaillenabhandlung geholfen. Er saß eine Weile
da, ohne etwas zu sagen und rieb seine großen Hände
aneinander, als ob ihn fröre. Ich sah auf den Fußboden, weil ich seinen durchbohrenden Blick nicht ertragen konnte. Schließlich fing er an: Ich mache mir
Sorgen um Carl und vielleicht auch um dich. Warum,
fuhr ich kampfbereit auf, wir sind ja glücklich miteinander. Er beugte sich weit nach vorn, um meinen
Blick einzufangen, und ich sah ihm trotzig und ängstlich in die Augen. Hat Carl dir jemals von seiner Einweisung vor einem Jahr erzählt? fragte er eindringlich. Von was für einer Einweisung? fragte ich unruhig. In eine psychiatrische Abteilung, sagte er, er hatte eine Psychose. Wenn du doch verständlich reden
könntest, sagte ich irritiert, was ist eine Psychose? Eine vorübergehende Geisteskrankheit, antwortete er
und lehnte sich wieder in den Stuhl zurück, es hat drei
Monate gedauert. Ich zwang mich zu lachen: Du willst
mir doch nicht erzählen, daß er geisteskrank ist?
Geisteskranke werden eingesperrt, vor denen hat
man Angst, und die habe ich nicht vor ihm. Er löste
seinen enervierenden Blick von mir und sah hinaus in
den Garten auf die spielenden Kinder. Da ist etwas
nicht in Ordnung, sagte er, ich habe den Eindruck,
daß er wieder krank wird. Als ich fragte warum, erzählte er mir, daß Carl in der letzten Zeit seine Arbeit
vernachlässigt und sich ausschließlich mit dem Studium von Erkrankungen des Ohres beschäftigt habe.
Draußen im Institut häuften sich die Lehrbücher über
die Anatomie des Ohres und dessen Krankheiten auf
seinem Schreibtisch, und er arbeite sie durch, als wolle er sich zum Ohrenfacharzt ausbilden. Das ist doch
verrückt, sagte John eindringlich, nur weil du manchmal ein wenig Ohrenschmerzen hast. Jeder andere

würde das einem Facharzt überlassen und sicher sein, daß der das Menschenmögliche tun wird. Aber er liebt mich doch, sagte ich und fühlte, wie ich rot wurde, er ist mir gegenüber nicht gleichgültig, er will mir gern helfen, das ist alles. Dann mußte ich über seine Leichenbittermiene lachen: Du bist ein schöner Freund, sagte ich, der zu der Frau rennt und erzählt, ihr Mann sei verrückt. Das sage ich nicht, sagte er unschlüssig, ich muß dir nur sagen, daß drei Schwestern seines Vaters im Irrenhaus sind. Du solltest jedenfalls keine Kinder mit ihm bekommen. Während er das sagt, wird mir plötzlich bewußt, daß meine Menstruation ein paar Tage überfällig ist. Weißt du was, sage ich, ich glaube, deine Warnung kommt gerade einen Augenblick zu spät. Ich habe den Verdacht, daß ich schon schwanger bin. Der Gedanke macht mich froh, und ich frage, ob John nicht eine Flasche Bier oder eine Tasse Kaffee haben möchte, denn ich habe keine Lust, ihm länger zuzuhören. Aber er möchte nichts, er muß zu einer Vorlesung. Ich bringe ihn zur Tür, und er gibt mir die Hand zum Abschied, etwas was meine Freunde und ich niemals tun. Ich muß in ein paar Tagen nach Avnstrup, sagt er, der eine Lungenflügel soll stillgelegt werden. Für einen Menschen wie mich ist Gesundheit nichts Selbstverständliches. Er zögert noch einen Augenblick, bevor er geht. Und du, sagt er genau wie Lise, du siehst auch nicht so besonders wohl aus. Ißt du auch vernünftig? Ich versichere ihm, daß ich das täte und atme erleichtert auf, als er endlich verschwindet. Ich beschließe, Carl nichts von seinem Besuch zu erzählen, obgleich er mich nicht ausdrücklich darum gebeten hat.

Als Carl nach Hause kam, erzählte ich ihm, daß ich anscheinend schwanger sei. Darüber freute er sich of-

fensichtlich sehr und begann gleich, einen Plan zu entwickeln, wie wir ein Haus draußen vor der Stadt bauen würden. Ich fragte, ob wir die Mittel dazu hätten, und er sagte, daß er in den nächsten Tagen ein beträchtliches Forschungsstipendium erwarte. Wir müßten in einem Haus ganz für uns allein wohnen, jeder müßte ungestört arbeiten können, wir wollten nicht so viele Menschen sehen und niemals ausgehen. Ich fand den Gedanken unendlich verlockend, denn ich fing an, es als notwendig zu empfinden, in Ruhe zu leben, ohne die Einmischung anderer. Als er nach meinem Ohr fragte, antwortete ich, die Schmerzen hätten aufgehört. Johns Besuch hatte mir Angst eingejagt. Dann sagte ich ohne bestimmte Absicht, ich könne während einer Schwangerschaft immer schlecht einschlafen. Darüber dachte er einen Augenblick nach, während er sich das Kinn kratzte. Am besten ist es vielleicht, sagte er, wenn ich dir Chloral gebe, das ist ein gutes altes Schlafmittel ohne Nebenwirkungen. Es schmeckt schauderhaft, aber in Milch kann man es schon einnehmen.
Am nächsten Tag kam er mit einer großen braunen Medizinflasche nach Hause. Ich will dir lieber etwas abmessen, sagte er, sonst nimmst du noch zuviel davon. Ein paar Minuten, nachdem ich es getrunken hatte, ging es mir wunderbar, nicht wie nach Pethidin, eher als ob ich eine Menge Alkohol getrunken hätte. Ich redete drauflos über unser kleines Haus, wie wir es einrichten wollten, über das Kind, das wir haben würden. Mittendrin schlief ich ein und wachte erst am nächsten Morgen wieder auf. Kann ich das jeden Abend haben? fragte ich. Ja, selbstverständlich, sagte er gleichgültig, damit kann überhaupt nichts passieren. Dabei fiel ihm etwas ein.

Laß mal hinter dein Ohr fühlen, sagte er und drückte auf den Knochen. Tut das weh? fragte er. Ja, sagte ich und merkte, daß ich mich so daran gewöhnt
hatte, ihn anzulügen, daß ich schon gar nicht mehr
anders konnte. Er biß nachdenklich auf seine Oberlippe. Ich will nun auf jeden Fall mit Falbe Hansen
über die Operation reden, sagte er. Ich fragte, ob
man mich dabei mit Pethidin betäuben würde. Nein,
sagte er, aber du kriegst hinterher alles, was du
willst, um die Schmerzen zu betäuben. Als er gegangen war, ging ich ins Badezimmer und starrte lange
mein Spiegelbild an. Es war wahr, ich sah elend aus.
Mein Gesicht war ganz schmal geworden, und meine Haut war trocken und fühlte sich rauh an. Ich
möchte wissen, sagte ich zu diesem Spiegelbild, wer
von uns beiden nun wirklich verrückt ist. Dann setzte ich mich an die Schreibmaschine, denn das blieb
gleichsam meine Zuflucht in einer immer unsicherer
werdenden Welt. Während ich schrieb, dachte ich:
Alles Pethidin, das ich haben will, und die Operation, die die Voraussetzung für dieses Paradies war,
kam mir vollkommen bedeutungslos vor.

3

Aber der Ohrenarzt wollte nicht operieren. Als die Röntgenbilder fertig waren, fuhr Carl mit mir auf dem Motorrad, das er gerade gekauft hatte, zu ihm. Carl stand in seinem Ledermantel, der hinten wie ein Entenbürzel abstand, mit seinem Sturzhelm in der Hand neben Falbe Hansen und starrte die Bilder an, die der Arzt eines nach dem andern gegen das Licht hielt. Es ist nichts Besonderes festzustellen, sagte Falbe Hansen. Ich stellte mich neben Carl, und der Arzt sah mich mit seinen grauen Augen kühl an, während er mit Carl sprach. Wenn an den Schmerzen etwas dran ist, sagte er langsam, können sie möglicherweise rheumatisch sein, und dagegen läßt sich nicht viel tun. Das geht gewöhnlich von selbst vorüber. Dann redete Carl von Knochen, Hammer, Amboß und Steigbügel und was weiß ich, während ich wie auf glühenden Kohlen stand, denn dieser Mann wußte, daß ich log. Falbe Hansens Benehmen wurde noch kühler. Sie werden niemand finden, der das operiert, sagte er und setzte sich mit unbeteiligter Miene an seinen Schreibtisch. Das Ohr ist so gesund, wie es nur sein kann. Ich habe es trocken gekriegt. Ihre Frau braucht nicht mehr herzukommen.

Darüber brauchst du dich wirklich nicht zu ärgern, sagte Carl beruhigend, als wir miteinander durch die Blegdamshospitalanlagen zurückgingen. Wenn die Schmerzen nicht aufhören, finden wir schon jemand anders, der dich doch operiert. Vielleicht hatte die Unterredung doch einen gewissen Eindruck auf ihn gemacht, denn als wir nach Hause kamen, sagte er: Ich will dir ein Rezept aufschreiben für ein paar Ta-

bletten, das Mittel heißt Butalgin. Es ist sehr schmerz-
stillend, dann bist du nicht so abhängig davon, ob ich
zu Hause bin oder nicht. Er schrieb das Rezept auf ein
Stück meines Schreibmaschinenpapiers und schnitt
es an den Kanten sorgfältig zurecht. Dann betrachtete er lächelnd sein Werk: Das sieht nicht ganz echt aus,
sagte er, wenn sie es kontrollieren wollen, mußt du ihnen meine Institutsnummer geben. Wieso nicht ganz
echt? fragte ich. Als ob du es selbst geschrieben hättest, lachte er, so was machen richtig Süchtige ja. Den
Ausdruck »richtig Süchtige« gebrauchte er oft als Gegensatz zu mir. Ich glaube, ich habe einmal eine richtig Süchtige gesehen, fiel mir ein. Ich erzählte ihm von
dem Tag, als ich im Wartezimmer bei Abort-Lauritz
saß, wo eine Patientin hin und her gerannt war und
sich bemüht hatte, als erste hineinzukommen. Kurz
darauf, erzählte ich, kam sie völlig verändert wieder
heraus, redete, war vergnügt und hatte blanke Augen. Ja, sagte Carl nachdenklich, das war sicher eine
richtig Süchtige. Als ich allein war, sah ich mir das Rezept näher an: tatsächlich, das hätte jeder geschrieben haben können. Ich ging zur Apotheke und holte
die Tabletten. Zu Hause nahm ich gleich zwei, um die
Wirkung auszuprobieren, vielleicht wäre das etwas
gegen meine Schwangerschaftsübelkeit. Es war ein
Sonnabendnachmittag. Lise hatte früh frei und kam
herein, um Kim zu holen, der fast jeden Tag mit Helle
spielte. Wir waren kühl zueinander gewesen seit dem
Tage, an dem sie gefragt hatte, ob Carl nicht etwas
sonderbar sei, aber nun bat ich sie, noch zu bleiben,
wir könnten doch miteinander schwatzen wie in alten
Tagen. Ich fühlte mich vergnügt und aufgeräumt und
liebenswürdig, und sie sagte, sie freue sich, daß ich
meine gute Laune wiedergefunden hätte. Das kommt

daher, daß ich gerade wieder etwas arbeite, sagte ich, das ist ja das einzige, worauf es mir ankommt. Ich goß Kaffee auf, und während wir den tranken, fragte ich sie, wie es ihr eigentlich gehe, schuldbewußt, weil ich mich so lange nicht um sie gekümmert hatte. Nicht besonders, sagte sie, das ist ja der Mist mit verheirateten Männern, aber ich kann ihn einfach nicht laufen lassen. − Ole hatte vor Eifersucht eine Neurose bekommen und ging zu einem Psychoanalytiker, der Sachs Jacobsen hieß und nach Lises Meinung nicht ganz normal war. Letzten Sonntagmorgen hatte Lise keine Brötchen holen können, weil Kim krank war, und deshalb hatte Ole einen heftigen Anfall gehabt. Am nächsten Tag hatte Frau Sachs Jacobsen Lise im Büro angerufen. Sie war Deutsche. Aber der Mann muß doch seine warmen Wecken haben, hatte sie gesagt. Darüber mußten wir beide sehr lachen, und das alte Gefühl der Zusammengehörigkeit entstand langsam wieder zwischen uns. Ich bekam Lust, mich ihr anzuvertrauen und erzählte von Carls Besorgtheit wegen meines Ohres und seiner fixen Idee, es operieren zu lassen. Das ist ja entsetzlich, sagte sie aufrichtig erschrocken, laß das bloß nicht machen, Tove, du wirst taub nach einer solchen Operation. Eine Schwester meiner Mutter ist davon taub geworden, und du hast doch niemals Schmerzen im Ohr gehabt, bevor du Carl kennengelernt hast. Nein, sagte ich, aber jetzt tut es manchmal weh. Dann fiel mir der wichtige Brief ein, den Carl vor einigen Tagen bekommen hatte. Er war von einem Mädchen in Skelskör, und sie schrieb, sie bekomme in einem Monat ein Kind von ihm, sie habe nicht früher geschrieben, weil sie geglaubt habe, es sei eine Geschwulst. Das Kind solle zur Adoption gegeben werden mit Rücksicht auf ihre sehr bürgerliche Familie. Carl hatte mir vorgeschlagen, es zu adoptieren, und ich hatte halb und halb zugestimmt, weil ein Kind mehr oder weniger keine Rolle spielen werde. Außerdem – aber darüber sagte ich nichts zu Lise – wäre es für ihn viel schwieriger, mich jemals zu verlassen, wenn ich sein Kind adoptierte. Das scheint mir ein guter Gedanke zu sein, sagte Lise, die genau wie Nadja zur Menschheitsbeglückung neigte, sie war immer bereit, Menschen zu helfen und ihnen ihre Lasten abzunehmen. Ihr habt ja Platz genug, wenn ihr in euer Haus zieht. Dann tu ich das, sagte ich, als ob es sich um einen Ausflug handelte, und Carl hat mir auch versprochen, daß ich eine Hausangestellte bekomme. Ich kann ja nicht gleichzeitig schreiben und auf drei Kinder aufpassen. Lise meinte, das höre sich vernünftig an. Dann hast du auch jemand, der dafür sorgt, daß du was zu essen bekommst, sagte sie und klopfte nachdenklich mit dem Zeigefinger gegen ihre oberen Schneidezähne, das hast du dringend nötig, so dünn wie du bist. Dann holte sie Kim aus dem Garten und ging mit ihm nach oben in ihre Wohnung. Ich ging ins Badezimmer und nahm noch zwei Tabletten. Darauf setzte ich mich hin und fing an zu schreiben, und zum erstenmal seit langer Zeit ging mir das leicht von der Hand. Ganz wie in alten Tagen vergaß ich alles um mich her, auch daß die Ursache meines Wohlbefindens in einem Glasröhrchen draußen im Badezimmer stand.

Im Oktober 1945 holten wir das neugeborene Mädchen im Rigshospital ab. Es war winzig und wog knapp fünf Pfund. Es war rothaarig und hatte lange goldene Augenwimpern. An dem Tag hatte ich vier Tabletten genommen, denn zwei reichten nicht mehr aus. Es war ein wunderbares Gefühl, wieder ein Neugeborenes im Arm zu halten, und ich gelobte mir, es ebenso zu lieben wie meine eigenen Kinder. Es mußte alle drei Stunden die Flasche haben, Tag und Nacht, und in der Nacht stand Carl auf und gab sie ihm. Ich konnte aus meinem Chloralschlaf nicht aufwachen. Als meine Mutter kam, um das kleine Neue anzusehen, warf sie nur einen Blick in das kleine Bett und sagte: Hübsch kann man sie ja nicht gerade nennen. Sie fand es wahnwitzig, daß ich mir mehr Kinder auflud als unbedingt notwendig. Meine Schwiegermutter kam auch, und sie erstickte fast vor Rührung. Gott, sagte sie und griff sich ans Herz, wie sie doch Carl ähnlich sieht. Dann verbreitete sie sich darüber, daß ihre Köchin durchgebrannt war und wie schwer es doch sei, eine andere zu finden. Sie hatte immer Ärger mit den Köchinnen. Was soll ich gegen die aufsteigende Hitze tun? fragte sie ihren Sohn, der sich immer halb betrinken mußte, um ihre Gesellschaft auszuhalten. Er lächelte. Das ist doch recht angenehm, sagte er, in diesem kühlen Sommer. Er konnte sie nicht ernst nehmen, und wenn sie ihn küssen wollte, wand und drehte er sich, um ihrer Umarmung zu entgehen. Im letzten Augenblick hielt er ihr dann seine Backe hin, damit sie ihm einen Kuß darauf gab. Wenn sie kam, bat er mich immer, ein Kleid mit langen Ärmeln anzuziehen, um die Einstiche auf meinen Armen zu verdekken. Nicht daß es wichtig wäre, sagte er, aber es sieht ja wirklich nicht so gut aus.

Dann kam Jabbe zu uns und wurde vorläufig im Kinderzimmer untergebracht. Sie hieß Fräulein Jacobsen und stammte aus Grenaa, aber als Helle sie Jabbe nannte, taten wir das auch. Sie war ein großes, kräftiges, tüchtiges Mädchen und liebte Kinder. Sie hatte ein einfaches, verständiges Gesicht mit vorstehenden

Augen, die immer etwas feucht waren, als ob sie ständig über irgend etwas gerührt sei. Früh am Morgen stand sie auf und buk Brötchen zum Morgenkaffee, den sie mir ans Bett brachte, während Carl noch an meiner Seite schlief. Sie müssen etwas essen, sagte sie sehr bestimmt, sie sind viel zu dünn. Ich hatte auch ein bißchen mehr Appetit, jetzt da das Essen mir vorgesetzt wurde, und alles in allem kam es mir vor, als ob die Dinge sich zum Besseren wendeten. Ich arbeitete gut mit Butalgin, und es genügte mir, wenn ich nur dann und wann eine Spritze bekam. Ebbe rief mich oft an, wenn er betrunken war. Er trieb sich in den Kneipen herum mit Victor, den ich niemals kennengelernt hatte, obwohl viele meiner Freunde ihn kannten. Ebbe wollte schrecklich gern, daß ich Victors Bekanntschaft machen sollte. Aber ich brauchte Carl nur zu sagen, ich dächte daran, hinüberzugehen und Ebbe zu besuchen, so kam die Spritze heraus, und er ging ins Bett mit mir in seiner heftigen Art und ohne jede Zärtlichkeit. Ich mag passive Frauen, sagte er. Da er durchaus einsah, daß Ebbe das Recht hatte, seine Tochter zu sehen, kamen wir überein, daß ich sie von Zeit zu Zeit bei Ebbes Mutter ablieferte, die sie dann nach dem Besuch wieder zu mir zurückbrachte.

Michael wurde in einer Klinik am Enghavevej geboren, und Carl half dem Kind auf die Welt. Als ich nach der Geburt in meinem Einzelzimmer mit dem Neugeborenen im Arm dalag, gab er mir eine Spritze und saß lange an meinem Bett, um sein Kind zu betrachten, das rasch in sein Körbchen zurückgelegt worden war. Das wird ein interessantes Kind, sagte er stolz, der Sohn einer Künstlerin und eines Wissenschaftlers, eine gute Mischung. Ich freue mich so, daß das Haus bald fertig ist, sagte ich benommen, während die wohlbekannte Süße durch alle meine Glieder rann. Wir wollen für das ganze Leben zusammenbleiben, das soll nicht so gehen wie mit den andern beiden. Viggo F. und Ebbe, sagte er mit Selbstbewußtsein, haben dich nicht so gut verstanden wie ich.

Kurze Zeit danach zogen wir in das neue Haus in der Straße Ewaldsbakken in Gentofte. Es war ein vollkommenes, vom Architekten entworfenes einstöckiges Klinkerhaus. Unten waren Kinderzimmer, Mädchenzimmer, Eßzimmer, Badezimmer und Küche, oben hatten Carl und ich jeder ein Zimmer. Meins war groß und hell, aus dem Fenster sah man in den hübschen Garten mit den vielen Obstbäumen auf dem Rasen, den Carl jeden Sonntagmorgen mähte. In diesem Sommer waren wir verhältnismäßig glücklich. Wir hatten einen bürgerlichen Rahmen für unser Leben geschaffen, etwas wovon ich immer geträumt hatte. Alles was ich verdiente, gab ich Carl, der es, soweit ich sehen konnte, klug und sparsam verwaltete. Doch eines Tages gegen Anfang Herbst, als ich ihn um ein neues Rezept für Butalgin bat, sagte er, während er mit seinen ängstlichen vorsichtigen Schritten im Zimmer auf und ab ging: Laß uns ein paar Tage damit warten, ich habe Angst, daß du zuviel davon nimmst. Im Laufe des Tages ging es mir ziemlich schlecht, wie ich es schon ein paarmal erlebt hatte. Ich zitterte und schwitzte und hatte Durchfall. Außerdem packte mich eine heftige Angst, die mein Herz panisch hämmern ließ. Mir wurde klar, daß ich die Tabletten haben mußte, und ich fand auch einen Ausweg. Aus irgendeinem Grunde hatte ich eins von Carls alten Rezepten aufgehoben, das schrieb ich jetzt sorgfältig ab. Ich schickte die arglose Jabbe damit in die Apotheke, und sie kam mit den Tabletten zurück, als ob es sich um eine Schachtel Magnyl handelte. Nachdem ich fünf oder sechs davon genommen hatte – so viele brauchte ich nun, um dieselbe Wirkung zu spüren wie von zwei Tabletten zu Anfang –, dachte ich mit einer Art von vagem Entsetzen daran, daß ich mich jetzt zum erstenmal in meinem Leben einer kriminellen Tat schuldig gemacht hatte. Ich beschloß, es niemals wieder zu tun. Doch daran hielt ich mich nicht. Wir wohnten fünf Jahre in dem Haus, und fast die ganze Zeit über war ich süchtig.

4

Wenn ich nicht der Einladung zum Essen gefolgt wäre, wäre mein Ohr nicht operiert worden, und vielleicht wäre heute manches anders. Es war in einer Periode, als Carl mir nur gelegentlich eine Spritze gab.
Ich hielt mich mit Butalgin aufrecht, und die Narben
an den Armvenen begannen zu verblassen. Ebenso
war es mit dem Verlangen nach Pethidin. Wenn es
sich meldete, rief ich mir ins Gedächtnis, daß ich unter
seiner Einwirkung nicht arbeiten konnte, und mein
neuer Roman beschäftigte mich sehr. Das Leben auf
Ewaldsbakken nahm seinen fast normalen Gang.
Tagsüber war ich viel mit Jabbe und den Kindern zusammen, und abends, wenn wir gegessen hatten, gingen Carl und ich in mein Zimmer, wo wir unsern Kaffee tranken; Carl las dabei seine wissenschaftlichen
Bücher, ohne viel mit mir zu reden. Eine sonderbare
Leere hatte sich zwischen uns ausgebreitet, und ich
entdeckte, daß wir nicht imstande waren, miteinander zu reden. Carl hatte kein Verhältnis zur Literatur
und war mit nichts anderem beschäftigt als mit seinem
Fachgebiet. Er saß da mit der Pfeife zwischen seinen
unregelmäßigen Zähnen, dabei schob er den Unterkiefer vor, so daß es aussah, als ob das übrige Gesicht
dadurch gestützt würde. Ab und an hob er den Blick
von seinem Buch, lächelte verlegen und sagte: Na Tove, geht es dir gut? Er erzählte niemals wie andere
Männer von seiner Kindheit, und wenn ich danach
fragte, gab er leere und nichtssagende Antworten, als
ob er völlig ohne Erinnerung daran sei. Ich dachte oft
an Ebbe, sein munteres abendliches Plaudern, wie er
Rilke-Gedichte auf deutsch vorgelesen hatte, und an

seine begeisterten Hörup-Zitate. Lise, die gelegentlich zu mir herausfand, erzählte, daß er immer noch darüber trauere, mich verloren zu haben, und daß er mit Victor ins »Tokanten« und ähnliche Lokale gehe statt sich mit seinem Studium zu beschäftigen.

Auch Ester und Halfdan kamen zuweilen, wenn Carl nicht zu Hause war. Sie wohnten in einer Mietwohnung in der Matthaeusgade, hatten eine kleine Tochter, ein Jahr jünger als Helle, und waren unsagbar arm. Sie fragten mich, warum ich alle meine alten Freunde hätte fallen lassen, und warum ich nie mehr in den Club käme. Ich sagte, ich sei sehr beschäftigt, und es sei nicht gut für Künstler, mit ihresgleichen umzugehen. Ester lächelte melancholisch und sagte: Hast du die Zeit im Neckel-Haus vergessen? Aber ich litt unter meiner Isolierung und sehnte mich nach jemand, mit dem ich wirklich reden könnte. Ich war Mitglied der Dänischen Autorenvereinigung, aber jedesmal, wenn eine Zusammenkunft oder eine Mitgliederversammlung bevorstand, rief Viggo F. mich an, um zu fragen, ob ich käme, denn dann wolle er wegbleiben, und so gab ich es ganz auf, hinzugehen. Ich war auch Mitglied des exklusiven PEN-Clubs, dessen Vorsitzender Kai Friis Möller war, einer meiner begeisterten Rezensenten. Er rief mich eines Tages kurz vor Weihnachten an und fragte, ob ich nicht Lust hätte, an einem Abendessen im Skovriderkro mit ihm, Kjeld Abell und Evelyn Waugh teilzunehmen. Ich sagte zu. Ich wollte sie alle drei gern kennenlernen, und als Carl abends wie gewöhnlich in solchen Fällen fragte, ob ich nicht lieber eine Spritze haben wolle, sagte ich zum erstenmal nein zu dem verlockenden Angebot. Er wurde merkwürdig unruhig. Wenn es zu spät wird, hole ich dich ab, sagte er, aber ich entgegnete, daß ich schon allein nach Hause finden würde, er könne ruhig ins Bett gehen. Bedeck auf jeden Fall deine Arme gut, sagte er sanft. Und nimm etwas Creme für dein Gesicht, fügte er hinzu und strich mit dem Zeigefinger über meine Backe, deine Haut ist immer noch etwas trocken. Daran denkt man selber nicht.

Während des Essens saß ich neben Evelyn Waugh, einem lebhaften, jugendlichen kleinen Herrn mit blassem Gesicht und neugierigen Augen. Friis Möller half mir galant über alle Sprachschwierigkeiten hinweg und war alles in allem so aufmerksam und liebenswürdig, daß man ihm seine scharfe Feder gar nicht zugetraut hätte. Kjeld Abell fragte Evelyn Waugh, ob es in England auch so hübsche junge Autorinnen gebe. Das verneinte er, und als ich ihn fragte, was ihn nach Dänemark gebracht habe, antwortete er, er reise immer in der Welt umher, wenn seine Kinder in den Ferien aus dem Internat nach Hause kämen. Er könne sie nicht ertragen. Um meine auffallende Appetitlosigkeit zu entschuldigen, sagte ich, ich hätte mit den Kindern essen müssen, bevor ich gegangen sei. Dagegen trank ich einiges, und da ich eine Handvoll Butalgin genommen hatte, bevor ich mich auf den Weg gemacht hatte, kam ich in eine sehr fröhliche Stimmung, ich redete drauflos und brachte ein ums andere Mal die drei berühmten Herren zum Lachen. Wir waren fast die einzigen Gäste im Restaurant. Es schneite draußen, und es war so still in der Welt, daß wir das Hämmern der Schiffsmotoren weit draußen im Öresund hören konnten. Als wir bei Kaffee und Cognac saßen, starrten Friis Möller und Abell plötzlich verwundert zum Eingang, den ich nicht sehen konnte, weil ich ihm den Rücken zukehrte. Wer in aller Welt ist das? sagte Friis Möller, während er sich den Mund mit der Serviette wischte, es sieht aus, als ob er auf uns zusteuert. Ich drehte den Kopf und sah zu meinem Schrecken Carl durch den Raum stapfen in seinen langen Lederstiefeln, seinem schneebedeckten Ledermantel, den Helm in der Hand und mit dem sanften Lächeln um den Mund, als ob es aufgemalt sei. Das – das ist mein Mann, sagte ich verzweifelt, denn neben den drei eleganten Herren sah er einer Art Marsbewohner ähnlich, und schlagartig ging mir auf, daß ich ihn niemals in anderer Umgebung gesehen hatte. Er kam gleich zu mir und sagte verlegen: Na, jetzt ist es Zeit, daß du nach Hause kommst. Darf ich vorstellen, sagte Friis Möller, erhob sich und schob seinen Stuhl zurück. Carl drückte allen dreien die Hand, ohne ein Wort zu sagen, und um Kjeld Abells Mund spielte ein ironisches Lächeln. Ich erhob mich wütend und unglücklich. Vor Scham flimmerte es mir vor den Augen. Carl half mir in den Mantel, ohne ein Wort zu sagen. Als wir draußen waren, drehte ich mich zu ihm um und sagte: Was fällt dir eigentlich ein? Ich habe doch gesagt, du solltest mich nicht abholen. Du machst mich vollkommen lächerlich auf diese Weise. Aber es war unmöglich, mit ihm zu streiten. Ich muß doch ins Bett, sagte er entschuldigend, und das kann ich ja nicht, bevor ich dir nicht dein Chloral gegeben habe. Er öffnete den Beiwagen für mich, und ich setzte mich auf dem Sitz zurecht, während er das Verdeck wieder schloß. Auf der Fahrt nach Hause fing ich wegen der Demütigung an zu weinen. Als er mir wieder heraushalf und meine Tränen sah, rief er verwundert: Was ist denn bloß los? Ich hielt mir das Ohr wie in alten Tagen, denn jetzt wollte ich wirksam getröstet werden. Oh, weinte ich, mir hat den ganzen Abend das

Ohr so entsetzlich wehgetan, woran, glaubst du, kann das nun wieder liegen? Er wirkte wirklich besorgt. Aber es war auch ein seltsamer Triumph in seinen Augen, während er die Spritze in eine der Venen stach, die noch offen waren. Ich habe mir doch gleich gedacht, sagte er, daß Falbe Hansen sich irrte. Gewaltsamer als sonst ging er mit mir ins Bett, und ich lag danach schlaff und glücklich da und ließ meine Finger durch sein dünnes rötliches Haar gleiten. Er legte sich auf den Rücken mit den Händen unter dem Kopf und starrte an die Decke. Das geht nicht so weiter, sagte er, der Knochen muß auf jeden Fall aufgemeißelt werden. Verlier nicht den Mut. Ich kenne einen Ohrenspezialisten, der Falbe Hansen nicht ausstehen kann.

Am nächsten Tag kam er nach Hause mit all den dicken Bibliotheksbüchern über Ohrenleiden. Er las darin, während wir unsern abendlichen Kaffee tranken, murmelte vor sich hin, zog rote Striche um die schematischen Zeichnungen, tastete mein Ohr ab und sagte, wenn die Schmerzen nun nicht aufhörten, werde er zu dem Arzt gehen, an den er gedacht habe, und versuchen, ihn zu der Operation zu überreden. Tut es jetzt weh? fragte er. Ja, sagte ich, ganz fürchterlich, und schnitt eine Grimasse. Mein Verlangen nach Pethidin war unwiderstehlich wiedergekommen. Am nächsten Tag schrieb ich das letzte Kapitel meines Romans, legte ihn in einen hübschen Pappumschlag und schrieb mit Blockbuchstaben darauf: Um des Kindes willen, Roman von Tove Ditlevsen. Dann legte ich ihn in den Rollschrank, der in Carls Zimmer stand und fühlte wie immer eine Art Trauer darüber, daß ich nun nicht mehr durch den Roman in Anspruch genommen wurde.

Auch physisch fühlte ich mich miserabel, und ich nahm das Glas mit den Tabletten aus der verschlossenen Schublade meines Schreibtisches, an die Carl nicht herankonnte. Ich nahm eine Handvoll, ohne sie zu zählen. Ich war sehr vorsichtig mit meiner Rezeptfälscherei. Manchmal unterschrieb ich mit Carls Namen, manchmal mit Johns. Er hatte sein Staatsexamen vom Avnstrup-Sanatorium aus gemacht. Jabbe und ich gingen abwechselnd mit den Rezepten zur Apotheke, und ich bin überzeugt, daß das arglose Mädchen mir gegenüber niemals mißtrauisch wurde, ebensowenig wie gegenüber all dem andern Geheimnisvollen, das in diesem Hause vor sich ging. Die Spritze, die Ampullen und Kanülen waren im Rollschrank eingeschlossen, zusammen mit meinen Papieren, und nur ein einziges Mal — aber das war sehr viel später — sagte Jabbe: Das ist doch eine enorme Apothekerrechnung, als sie damit zu mir hereinkam. Die betrug nämlich mehrere tausend Kronen für einen Monat.

Der Chefarzt war alt, schwerhörig und cholerisch. Wenn die Sprechstundenhilfe ihm nicht sofort die Instrumente reichte, um die er bat, pfefferte er alles, was er in den Händen hielt, auf den Fußboden und schrie: Verdammt nochmal, wie soll man bloß arbeiten mit so unbrauchbaren Hilfskräften! So, sagte er und sah in mein Ohr, Falbe Hansen hat also abgelehnt zu operieren? Naja, wir werden sehen. Wir machen ein paar Röntgenaufnahmen. Es ist möglich, daß die Hirnhaut angegriffen ist. Daran habe ich auch gedacht, sagte Carl, gelegentlich tritt auch Fieber auf. Fieber? sagte ich verblüfft. Wie hoch? fragte der Arzt. Wir haben nicht gemessen, sagte Carl ruhig, ich wollte meine Frau nicht erschrecken.

Aber sie wirkt oft fieberhaft und abwesend. Ein paar Tage später waren wir wieder da, und Carl und der Arzt studierten eifrig die neuen Röntgenbilder. Hier ist ein Schatten, sagte der Arzt und stand einen Augenblick, ohne weiterzusprechen. Dann nickte er mit seinem kahlen Kopf. Gut, sagte er, wir operieren. Ich kann ihre Frau morgen in ein Einbettzimmer legen, also können wir morgen vormittag operieren. Als wir nach Hause kamen, bekam ich eine Spritze, und ich dachte: So will ich immer leben, laß mich nie mehr erleben, wie die Wirklichkeit ist. Als ich aus der Narkose aufwachte, war mein Kopf in Gazebinden eingehüllt, und jetzt erfuhr ich erst, was Ohrenschmerzen sind. Ich lag da, jammerte laut vor Schmerzen und warf mich von der einen Seite auf die andere. Der Chefarzt kam herein und setzte sich neben das Bett. Versuchen Sie zu lächeln, sagte er, und ich verzog den Mund zu einer Grimasse, die einem Lächeln ähnlich sah. Warum? fragte ich und fing wieder an zu jammern und mich hin- und herzuwerfen. Wir haben versehentlich den Gesichtsnerv gestreift, erklärte er, das hätte eine Lähmung verursachen können, ist aber glücklicherweise nicht geschehen. Ich leide so furchtbar, sagte ich, kann ich nicht etwas gegen die Schmerzen haben? Ja, sagte er, Sie können Magnyl bekommen, das ist das stärkste, was wir hier auf der Station verabreichen. Wir wollen die Leute nicht süchtig machen. Magnyl und etwas zum Schlafen für die Nacht. Könnten Sie nicht meinen Mann anrufen, sagte ich entsetzt, ich möchte so gern mit ihm sprechen. Er kommt gleich, sagte der Chefarzt, aber nur auf einen Augenblick. Sie müssen jetzt Ruhe haben. Als Carl kam, hatte er seine braune Aktenmappe mit.

Darin war die wohltätige Spritze, und während er in die offene Vene stach, sagte ich: Du mußt oft kommen, ich habe noch nie in meinem Leben so fürchterliche Schmerzen gehabt, und hier geben sie einem nur Magnyl gegen Schmerzen. Dann können sie dir ebensogut Würfelzucker geben, murmelte er. Sprich lauter, sagte ich, ich kann nicht hören, was du sagst. Du bist auf diesem Ohr taub geworden, sagte er, das wirst du nun dein Leben lang bleiben, aber dafür bist du auch frei von Schmerzen. Als die Wirkung eintrat, glitten die Schmerzen in den Hintergrund, wenn sie auch noch da waren. Was soll ich machen, fragte ich schläfrig, wenn es wieder so weh tut und du nicht hier bist? Versuch es auszuhalten, sagte er eindringlich, die werden mißtrauisch, wenn ich zu oft komme. Er kam abends noch einmal, machte eine Injektion und gab mir Chloral. Es lagen ein paar Stunden der Hölle hinter mir, und es war mir aufgegangen, daß ich noch nie in meinem Leben erfahren hatte, was physische Schmerzen bedeuten. Ich fühlte mich gefangen in einer schrecklichen Falle, aber wo und wann die zugeschnappt war, konnte ich nicht sagen. Mitten in der Nacht wachte ich auf, und es war, als schössen feurige Flammen durch meinen Kopf. Hilfe, schrie ich ins Zimmer hinein, das nur von dem blauen Schein der Nachtlampe über der Tür beleuchtet wurde. Eine Nachtschwester kam herbeigestürzt. Nun bekommen Sie ein paar Magnyltabletten, sagte sie, es tut mir leid, daß wir Ihnen nichts Stärkeres geben dürfen. Der Chefarzt ist so streng, sagte sie entschuldigend, er ist selbst an beiden Ohren operiert und kann nicht vergessen, daß er damals die Schmerzen ausgehalten hat. Als sie gegangen war, ergriff mich wilde Panik.

Ich wollte hier nicht einen Augenblick länger bleiben. Ich stand auf und zog mich an, wobei ich so wenig Geräusche wie möglich machte. Oh, oh, jammerte ich leise vor mich hin, ich sterbe, Mutter, ich
sterbe, ich kann es nicht aushalten. Als ich den Mantel angezogen hatte, sah ich vorsichtig aus der Tür.
Gegenüber war eine andere Tür, von der ich hoffte,
sie führe zum Ausgang. Ich stürzte darauf zu und be-
fand mich einen Augenblick später mit meinem ver-
bundenen Kopf auf der nächtlich einsamen Straße.
Ich winkte eine Taxe heran, und der Fahrer fragte
mitleidig, ob ich einen Autounfall gehabt hätte. Als
ich zu Hause ankam, lief ich den Gartenweg hinauf
und klingelte wie eine Rasende. Ich hatte meine
Schlüssel nicht bei mir. Jabbe kam und schloß auf.
Was ist passiert? fragte sie erschrocken und starrte
mich aus aufgerissenen Augen an. Nichts, sagte ich,
ich wollte nur nicht mehr da bleiben. Ich schoß in
Carls Zimmer hinein und weckte ihn. Pethidin,
stöhnte ich, schnell. Ich werde wahnsinnig vor
Schmerzen.
Die dauerten vierzehn Tage lang, und Carl ging
nicht ins Institut, damit er mir immer eine Spritze
geben konnte, wenn ich darum bat. Ich lag unbeweglich in meinem Bett und dämmerte vor mich hin,
ich hatte ein Gefühl, als ob ich in grünem, lauwar-
mem Wasser in den Schlaf gewiegt würde. Nichts in
der Welt bedeutete mir etwas außer der Fortdauer
dieses seligen Zustandes. Carl sagte, daß viele Leute auf einem Ohr taub seien, das spiele gar keine
Rolle. Das war mir auch gleichgültig, denn den Preis
war es wert. Kein Preis war zu hoch dafür, sich die
unerträgliche Wirklichkeit vom Halse zu halten.
Jabbe kam herauf, um mich zu füttern. Ich konnte

das Essen kaum herunterkriegen und bat sie flehentlich, mich doch in Ruhe zu lassen. Keine Rede davon, sagte sie bestimmt, solange ich noch mitreden kann, sollen sie auf jeden Fall nicht verhungern. Es ist so schon schlimm genug.

Eines Nachts wachte ich auf und merkte, daß die Schmerzen so gut wie verschwunden waren. Aber mich fror, und ich zitterte und war so ausgedörrt, daß ich die Lippen mit den Fingern voneinander trennen mußte. Schlaftrunken stand Carl auf und gab mir eine Spritze. Ich weiß nicht, sagte er wie zu sich selbst, was wir machen, wenn auch diese Vene verstopft ist. Vielleicht finde ich eine am Fuß.

Als ich wieder allein in meinem Bett lag, kam mir der Gedanke, daß es schon lange her war, seitdem ich meine Kinder gesehen hatte. Ich ging die Treppe hinunter und ins Kinderzimmer hinein. Ich war so schwach, daß ich mich gegen die Wand lehnen mußte, um nicht zu fallen. Ich machte Licht und sah nach den Kindern. Helle lag mit dem Daumen im Mund, die Locken standen wie ein Glorienschein um ihren Kopf. Michael schlief mit seinem Kätzchen im Arm. Ohne das konnte er nicht einschlafen. Und Trine lag mit offenen Augen und sah mich mit dem unergründlichen Blick ganz kleiner Kinder an. Ich wankte zu ihrem Bett und strich ihr über das Haar. Sie hatte immer noch lange goldene Augenwimpern, die sie unter meiner Liebkosung langsam wieder senkte. Spielzeug lag über den Fußboden verstreut, und mitten im Zimmer stand ein Laufstall. Ich kannte diese Kinder fast nicht mehr und gehörte nicht zu ihrem täglichen Leben. So wie eine ganz alte Frau sich ihrer Jugend entsinnt, dachte ich daran, daß ich vor wenigen Jahren ein fröhliches und gesundes junges Mädchen voller Lebenslust und mit vielen Freunden gewesen war. Der Gedanke streifte mich nur für einen Augenblick, dann machte ich das Licht aus und schloß leise die Tür. Ich brauchte lange, um wieder nach oben und in mein Bett zu kommen. Ich ließ das Licht brennen, während ich dalag, meine mageren weißen Hände betrachtete und die Finger spielen ließ, als ob ich Maschine schriebe. Da kam mir zum erstenmal seit langer Zeit ein klarer Gedanke. Wenn es ganz schlimm kommt, dachte ich, dann rufe ich Geert Jörgensen an und erzähle ihm alles. Ich wollte es nicht nur um meiner Kinder willen tun, sondern auch um der Bücher willen, die ich noch nicht geschrieben hatte.

5

Die Zeit hat aufgehört zu existieren. Eine Stunde kann so lang sein wie ein Jahr und ein Jahr wie eine Stunde. Das hängt davon ab, wieviel oder wie wenig in der Spritze ist. Manchmal wirkt sie kaum, und ich sage zu Carl, der immer in der Nähe ist: Da war zuwenig drin. Er reibt sich das Kinn mit einem gequälten Ausdruck in den Augen. Wir müssen etwas runtergehen, sagt er, sonst kommt es noch dahin, daß du krank wirst. Ich werde krank, wenn ich nicht genug bekomme, sage ich, warum läßt du mich so leiden? Jaja, murmelt er und macht eine hilflose Bewegung mit der Schulter, dann bekommst du eben etwas mehr.

Ich liege immer im Bett und kann nur zur Toilette gehen, wenn Jabbe mich stützt. Wenn sie neben mir sitzt und mich füttert, ist ihr großes Gesicht ganz naß, als ob eine Flüssigkeit darüber ausgegossen worden sei. Ich fahre ihr mit dem Finger über eine Backe, stecke ihn in den Mund und merke, daß er nach Salz schmeckt. Nur daran zu denken, sage ich neidisch, daß man irgend etwas für irgend jemand fühlen kann. Mit den Jahreszeiten komme ich nicht mehr nach. Die Gardinen sind immer zugezogen, weil das Licht meinen Augen wehtut, und es gibt keinen Unterschied zwischen Tag und Nacht. Ich schlafe, oder ich bin wach, ich bin gesund, oder ich bin krank. Ganz weit weg steht meine Schreibmaschine, als ob ich sie durch ein umgekehrtes Fernglas sähe, und vom Erdgeschoß, wo das lebendige Leben pulsiert, kommen die Stimmen der Kinder zu mir wie durch viele Lagen wollener Decken. Gesichter tauchen auf an meiner Seite und verschwinden wieder. Das Telefon läutet, und

Carl nimmt ab. Nein, leider nicht, sagt er, meine Frau ist zur Zeit krank. Er nimmt seine Mahlzeiten hier oben in meinem Zimmer ein, und ich sehe mit Verwunderung und einem gewissen fernen Neid, daß er einen guten Appetit hat. Versuch doch, ein bißchen herunterzubekommen, sagt er eindringlich, es schmeckt wirklich ausgezeichnet. Jabbe hat es extra für dich gemacht. Er stopft mir einen Bissen Fleisch mit seiner Gabel in den Mund, und ich erbreche es wieder. Ich sehe, wie er den Fleck mit einem feuchten Lappen aus dem Bettlaken reibt. Sein Gesicht ist dicht neben meinem. Seine Haut ist glatt und zart, und seine Augenlider sind straff und feucht wie bei Kindern. Wie bist du bloß gesund, entfährt es mir. So gesund würdest du auch wieder, sagt er, wenn du es nur aushalten könntest, daß es dir kurze Zeit mal nicht so gut geht, wenn du mir nur erlaubtest, ein bißchen weniger zu nehmen. Bin ich denn richtig süchtig geworden? frage ich. Ja, sagt er mit seinem verlegenen, unsicheren Lächeln, jetzt bist du richtig süchtig. Er schleicht ans Fenster, hebt die Gardine etwas zur Seite und sieht nach draußen. Es wird wunderbar sein, sagt er, an dem Tag, wenn du wieder mit in den Garten herunterkommen kannst. Die Obstbäume stehen jetzt in voller Blüte. Willst du sie nicht sehen? Er stützt mich, während ich zum Fenster taumle. Hast du aufgehört, den Rasen zu mähen? sage ich, um nur überhaupt etwas zu sagen. Unser Rasen hebt sich ab von denen der Nachbarn. Er ist ungepflegt und voller Löwenzahn, dessen Samenflocken mit dem Winde forttreiben. Ja, sagte er, ich habe an Wichtigeres zu denken. Eines Tages setzt er sich neben mein Bett und fragt, wie es mir geht. Es geht mir gut, denn es war genug in der letzten Spritze. Da ist etwas, worüber ich gern mit dir sprechen möchte, sagt er. An unserm Institut ist ein Oberarzt, der hat 40 000 Kronen, die er für wissenschaftliche Zwecke bekommen hatte, für Narkotika verbraucht. Ganz zufällig habe ich das entdeckt. Ich glaubte, du wärest da gar nicht mehr, sage ich verblüfft. Doch, sagt er und sammelt unsichtbare Fusseln vom Fußboden auf, eine Gewohnheit, die er neuerdings angenommen hat, hin und wieder, wenn du schläfst. Und was willst du dabei tun? frage ich uninteressiert. Ich habe daran gedacht, sagt er und bückt sich wieder, um etwas aufzusammeln, zu einem Rechtsanwalt zu gehen. Zuerst wollte ich gleich zur Polizei gehen, aber meinst du nicht auch, es wäre besser, sich zuerst mit einem Anwalt zu beraten? Doch, sage ich vollkommen gleichgültig, das ist sicher das beste. Aber bleib nicht zu lange weg, du mußt da sein, wenn ich rufe.

Meine Mutter kommt und setzt sich neben mein Bett. Sie nimmt meine Hand und streichelt sie. Vater und ich, sagt sie und wischt sich die Augen mit dem Handrücken, wir meinen, daß es Carl ist, der dich krank macht. Wir können uns nicht vorstellen wie, aber ich kann mir nicht denken, daß er ganz normal ist. Er hört sich am Telefon so merkwürdig an, und er ist nie zu Hause, wenn wir kommen. Jabbe sagt auch, daß er sonderbar geworden ist. Neulich hat er sie gebeten, die Schuhsohlen der Kinder abzuwaschen wegen der Ansteckungsgefahr. Sie sagt, daß sie richtig Angst vor ihm hat. Er macht mich nicht krank, sage ich ruhig, ganz im Gegenteil. Er versucht, mich gesund zu machen. Möchtest du jetzt nicht lieber gehen? Ich werde so müde vom Reden. Aber dann und wann kommt es mir selber so vor, als ob er wunderlich sei mit all seiner Fusselsammelei, seinem Schleichen auf Zehenspitzen und dem Sicheinschließen in sein Zimmer, wenn ich ihn nicht gerade rufe. Zwischendurch denke ich ohne sonderliche Furcht, daß ich gewiß bald sterben werde und daß ich mich zusammennehmen und Geert Jörgensen anrufen muß. Aber wenn ich das tue, ist es vorbei mit den Spritzen, das weiß ich. Wenn ich das tue, wird er mich wohl auch in ein Krankenhaus einweisen, wo sie mir nur Magnyl geben werden. Deshalb verschiebe ich es immer wieder, und ich bin auch in einem Stadium, in dem sich so klare Gedanken nicht lange halten. Lise kommt und beugt ihr Gesicht zu meinem herunter, so daß ihre Backe meine berührt. Ich ziehe meinen Kopf mit einem Ruck zurück, denn die Berührung tut weh. Ich kann den Druck der Haut anderer Menschen nicht ertragen, und Carl hat schon längst aufgehört, mit mir ins Bett zu gehen. Was fehlt dir, Tove? fragt sie ernst, da ist etwas, was du verbirgst, etwas Entsetzliches. Wenn man Carl fragt, gibt er ganz unverständliche Antworten. Es ist eine Blutkrankheit, antworte ich nach Carls Anweisung, aber die Krise ist jetzt überstanden. Nun wird es allmählich besser. Willst du nicht bitte gehen? Ich bin so müde. Schreibst du gar nichts mehr, sagt sie, weißt du nicht mehr, wie gut es dir immer ging, wenn du an einem Buch saßest? Doch, sage ich und blicke auf meine verstaubte Maschine, das weiß ich wohl, aber das kommt auch wieder. Nun geh.

Danach denke ich über ihre Worte nach. Werde ich nie wieder zum Schreiben kommen? Ich denke an die ferne Zeit, als immer Sätze und Verse durch meinen Kopf flossen, wenn das Pethidin zu wirken begann, aber so ist es jetzt nie mehr. Die alte Seligkeit überkommt mich nicht mehr, und ich bin sicher, daß Carl trotzdem weniger nimmt oder Wasser in die Spritze füllt. Eines Tages oder auch in einer Nacht, als er neben meinen Füßen kniet und die Spritze in die Vene an einem Fuß sticht, sehe ich, daß er Tränen in den Augen hat. Warum weinst du? frage ich erstaunt. Das weiß ich nicht, sagt er. Du mußt nur wissen: Wenn ich falsch gehandelt habe, bekomme ich auch meine Strafe dafür. Das ist das einzige Eingeständnis, das er überhaupt jemals macht. Ich glaube, du hast Wasser genommen, sage ich, denn alles andere interessiert mich nicht. Eine Zeitlang, sagt er, wirst du dich ziemlich schlecht fühlen, aber danach wird es dir besser gehen, und zuletzt wirst du wieder ganz gesund. Aber du mußt aufhören, mich zu quälen, denn ich habe es niemals ertragen können, dich leiden zu sehen. Alles was ich tue, tue ich um deinetwillen, damit du dich erholst, damit du wieder arbeiten und für deine Kinder da sein kannst. Seine Worte erfüllen mich mit Schrecken. Ich will nicht ohne Pethidin leben, sage ich hitzig, ich kann es nicht mehr entbehren. Du hast damit angefangen, nun mußt du auch damit fortfahren. Nein, sagt er sanft, jetzt höre ich langsam auf.

Es ist die Hölle auf Erden. Mich friert, ich zittere, ich schwitze, ich weine und rufe seinen Namen in das leere Zimmer. Jabbe kommt und sitzt bei mir. Sie weint verzweifelt. Er hat sich eingeschlossen, sagt sie, ich habe Angst vor ihm. Ich soll das Essen vor seine Tür stellen, er holt es sich herein, wenn ich gegangen bin. Können Sie nicht einen anderen Arzt anrufen? Sie sind so furchtbar krank, und ich kann nichts tun. Wenn Ihre Freunde kommen, bittet er mich, sie nicht hereinzulassen. Nicht einmal seine eigene Mutter will er sehen. Vielleicht, sage ich, fängt er an, verrückt zu werden. Ich weiß, daß er das schon einmal war. Plötzlich muß ich mich übergeben, Jabbe holt eine Schüssel und trocknet mein Gesicht mit einem Waschlappen ab. Ich bitte sie, Geert Jörgensens Nummer im Telefonbuch nachzuschlagen und sie auf einen Zettel zu schreiben. Sie tut es, und ich lege den Zettel unter mein Kopfkissen. Jetzt kann ich nicht einmal mehr mit Chloral schlafen. Wenn ich die Augen schließe, sehe ich fürchterliche Bilder auf der Innenseite der Lider. Ein kleines Mädchen geht durch eine dunkle Straße, und plötzlich taucht hinter ihr ein Mann auf. Er hat eine schwarze Kapuze über den Kopf gezogen, und in der Hand hat er ein langes Messer. Er macht einen Sprung vorwärts und sticht ihr das Messer in den Rücken. Sie schreit mit mir um die Wette und ich öffne die Augen wieder. Carl kommt leise herein. Hast du wieder einmal einen schlechten Traum gehabt? sagt er, bückt sich und sammelt Fusseln vom Boden. Wir haben kein Pethidin mehr, ich habe sicher vergessen, die letzte Rechnung zu bezahlen, aber du kriegst noch eine Dosis Chloral. Er schüttet es in das Meßglas, und ich flehe ihn an, mir die doppelte Dosis zu geben. Ach was, sagt er und tut, was ich verlange, das kann dir jedenfalls nicht schaden. Es geht mir ein wenig besser, und er streichelt meine Hand, die nur halb so groß ist wie seine. Das ist eine Frage der Ernährung, sagt er mit einfältigem Lachen, wenn du zwanzig Pfund zunimmst, ist das wieder im Lot. Er bleibt noch etwas sitzen und starrt ins Leere. Dann singt er mit falschen Tönen: Wir ficken unsere Mädchen, wenn es uns gefällt. Das stammt aus dem Studentenheim, erklärt er. Als ich da wohnte, war ich Vegetarier. Ich stelle mir oft vor, du bist meine Schwester, murmelt er und bückt sich wieder zum Fußboden. Blutschande kommt häufiger vor, als man glaubt. Dann versucht er, sich zu mir ins Bett zu legen, und zum erstenmal habe ich Angst vor ihm. Nein, sage ich und schiebe ihn mit einer kraftlosen Bewegung weg. Laß mich in Ruhe, ich will schlafen. Als er gegangen ist, werde ich auf einmal hellwach. Er ist verrückt, sage ich vor mich hin, und ich muß bald sterben. Ich versuche, die beiden Gedanken festzuhalten, die wie senkrechte Schnüre in meinem Gehirn stehen, aber sie schwanken wie Tang in bewegtem Wasser. Aus Furcht vor den Bildern wage ich nicht, die Augen zu schließen. Ob es wohl Tag ist oder Nacht? Ich stütze mich mit dem Ellbogen hoch und lasse mich mit Mühe aus dem Bett gleiten. Ich merke, daß ich nicht aufrecht stehen kann. So krieche ich auf allen vieren über den Fußboden und richte mich am Schreibtischstuhl auf. Die Anstrengung ist so groß, daß ich die Arme auf die Schreibmaschinentasten legen und den Kopf einen Augenblick darauf ausruhen muß. Mein Atem zischt durch die Stille. Ich muß handeln, bevor das Chloral aufhört zu wirken. Den Zettel mit Geert Jörgensens Telefonnummer halte ich fest in der Hand. Ich schalte die Schreibtischlampe an, wähle die Nummer und warte auf Antwort. Hallo, sagt eine ruhige Stimme, hier ist Geert Jörgensen. Ich sage meinen Namen. Ach Sie sind es, ruft er aus, um diese Zeit! Ist etwas nicht in Ordnung? Ich bin krank, sage ich, er tut Wasser in die Spritze. Was für eine Spritze? Pethidin, sage ich und bin nicht imstande, es weiter zu erklären. Gibt er Ihnen Pethidin? sagt er scharf, wie lange geht das schon? Ich weiß nicht, flüstere ich, ich glaube, ein paar Jahre, aber jetzt wagt er es nicht mehr. Ich sterbe fast. Helfen Sie mir. Er fragt, ob ich am nächsten Tag zu ihm kommen könne, und ich sage nein. Dann will er mit Carl sprechen, und ich rufe seinen Namen so laut ich kann, während ich den Hörer auf den Tisch lege.

Er erscheint in der Tür in seinem gestreiften Pyjama. Was ist los? fragt er schläfrig. Geert Jörgensen, sage ich, er will dich sprechen. Ach so, sagt er leise und reibt sich das unrasierte Kinn, dann ist meine Karriere erledigt. Er sagt das ohne Vorwurf, und im Augenblick verstehe ich auch nicht, was er meint. Hallo, sagt er ins Telefon und ist dann lange still, weil der andere spricht. Man kann im ganzen Zimmer hören, daß er erregt und zornig ist. Ja, sagt Carl bloß, ja, morgen um zwei. Das ist mir recht. Ja, das kann ich morgen erklären. Als er den Hörer aufgelegt hat, lächelt er mir kränklich zu. Willst du eine Spritze haben, sagt er sanft, diesmal werde ich genug nehmen. Das müssen wir wirklich feiern. Er holt die Spritze, und die alte Süße und Seligkeit wie vor langer Zeit geht in mein Blut. Bist du mir böse? sage ich und wickle sein Haar um meine Finger. Nein, sagt er, jeder ist sich selbst der Nächste. Dann sieht er sich im Zimmer um, er betrachtet jedes Möbelstück einzeln, als ob er sich für alle Zeit dieses Zimmer und seine Einrichtung einprägen wolle. Erinnerst du dich, sagt er langsam, wie froh wir an dem Tag waren, als wir in das Haus einzogen? Ja, sage ich benommen, aber das können wir doch wieder werden. Es war auch blöde, daß ich ihn angerufen habe. Nein, sagt er, das war deine Rettung. Du kommst ins Krankenhaus, und alles ist vorbei. Was wird mit den Kindern, fällt mir ein. Die haben ja Jabbe, sagt er, die verläßt sie schon nicht. Und was wird mit dir, frage ich, wo ist deine Rettung? Ich bin fertig, sagt er ruhig, aber daran mußt du nicht denken. Jetzt muß jeder für sich retten, was zu retten ist.
Am nächsten Tag kommt er von Geert Jörgensen zurück und sieht ruhiger aus als seit langem. Du mußt ins Krankenhaus, sagt er, während er seinen Motorman-

tel auszieht, zur Entziehung. Es geht los, sobald in
Oringe Platz ist, und bis dahin darfst du soviel Pethidin haben, wie du willst. Freust du dich nicht darüber?
Doch, sage ich und mir fällt ein, daß es derselbe Satz
ist, mit dem er mich dazu brachte, mich mit der Ohren-
operation abzufinden. Und du, sage ich, was wirst du
machen? Ich bekomme etwas Ärger mit der Gesundheitsbehörde, sagt er mit betonter Leichtigkeit, aber
damit werde ich schon fertig. Du hast jetzt genug zu
tun, mit dir selbst fertigzuwerden.
Jabbe freut sich sehr, als ich ihr erzähle, daß ich ins
Krankenhaus komme. Dann werden Sie doch wieder
gesund, sagt sie. Alle Ihre Freunde und Ihre Familie
werden sich auch freuen, denn sie waren so besorgt.
An dem Tag, an dem ich weg soll, trägt sie mich hinunter ins Badezimmer und wäscht mich von Kopf bis
Fuß. Auch mein Haar wäscht sie, und das Wasser wird
schwarz von Schmutz. Sie wiegen nicht mehr als Helle, sagt sie, als sie mich wieder ins Bett hinaufträgt.
Carl kommt herein und gibt mir eine Spritze. Das ist
nun die letzte, sagt er, aber ich werde sie bitten, langsam damit herunterzugehen. Ich fahre mit dir.
Ich lege den Arm um den Hals des Krankenträgers,
als er mich die Treppe hinunterträgt. Mir scheint, er
sieht bekümmert aus, und ich lächle ihn an. Er lächelt
zurück, und ich lese Mitleid in seinen Augen. Carl
setzt sich neben die Tragbahre und starrt ins Leere.
Plötzlich kichert er, als ob ihm etwas Freches einfalle.
Er sammelt ein paar Fusseln auf und rollt sie in den
Handflächen. Es ist nicht sicher, sagt er mit leerem
Blick, daß wir uns je wiedersehen. Und in gleichgülti-
gem Tonfall fügt er hinzu: In Wirklichkeit war ich mir
wegen der Ohrenschmerzen nie ganz sicher. Das
ist der letzte Satz, den ich jemals aus seinem Mund
höre.

6

Ich liege im Bett, den Kopf etwas vom Kopfkissen gehoben, und starre fest auf meine Armbanduhr. Mit der andern Hand wische ich mir den Schweiß aus den Augen. Ich starre auf den Sekundenzeiger, denn der Minutenzeiger rührt sich überhaupt nicht, und zwischendurch halte ich die Uhr an mein gesundes Ohr, weil ich glaube, daß sie stehengeblieben ist. Ich bekomme alle drei Stunden eine Spritze, und die letzte Stunde ist immer länger als alle Jahre meines Lebens zusammengenommen. Es tut im Nacken weh, den Kopf so hochzuhalten, aber wenn ich ihn aufs Kissen lege, ziehen sich die Wände um mich zusammen, enger und enger, so daß in dem kleinen Zimmer nicht genug Luft bleibt. Wenn ich den Kopf aufs Kissen lege, wimmeln die Tiere über die Bettdecke, kleine, ekelhafte, kakerlakenartige Tiere, zu Tausenden, sie kriechen über meinen ganzen Körper und dringen in Nase, Mund und Ohren. Ebenso ist es, wenn ich die Augen einmal kurz zumache, dann fallen sie über mich her, und ich kann es nicht aushalten. Ich will schreien und kann die Lippen nicht auseinanderkriegen. Außerdem habe ich langsam begriffen, daß Schreien nicht hilft. Keiner reagiert darauf, keiner kommt zu mir herein, bevor die Zeit um ist. Ich werde im Bett festgehalten durch einen Ledergurt, der in meinen Körper schneidet und der es schwer macht, sich umzudrehen. Sie nehmen ihn nicht einmal ab, wenn sie das Laken unter mir wechseln, das immer voll ist von meinen Ausscheidungen. »Sie« − etwas Blaues und Weißes, das vor meinen Augen flimmert und völlig ohne Identität ist. Sie haben jetzt die

Macht, und es nützt nichts, Carls Namen wieder und wieder zu schreien, bis ich so heiser bin, daß ich nur noch unhörbar flüstern kann. Es ist fünf Minuten vor drei, um drei kommen sie und geben mir die Spritze. Wieso können fünf Minuten so lang sein wie fünf Jahre? Die Uhr tickt an meinem Ohr im Takt mit meinem wilden Herzschlag. Vielleicht geht meine Uhr falsch, obgleich sie sie unentwegt für mich stellen müssen, vielleicht haben sie mich vergessen, vielleicht sind sie mit andern Patienten beschäftigt, deren Schreien und Rufen aus der unbekannten Welt vor meiner Tür zu mir in das Zimmer dringt.

So, kommt es aus einem Mund, der mir vorkommt, als gehe er von Ohr zu Ohr in einem Gesicht, das zu groß ist im Verhältnis zum Körper, jetzt bekommen Sie Ihre Spritze. Ich bekomme sie in den Schenkel, und es dauert etwas, bevor sie wirkt. Die Wirkung besteht nur darin, daß es mir ein wenig besser geht. Ich wage den Kopf auf das Kissen zu legen, und mein Körper hört für einen Augenblick auf, wie Espenlaub zu zittern. Das Gesicht zwischen dem Blauen und dem Weißen tritt deutlicher hervor, es ist fromm und rein wie das einer Nonne, und ich verstehe, daß dieses Menschenkind es nicht böse mit mir meint. Sprechen Sie ein wenig mit mir, bitte ich, und sie setzt sich neben mich und wischt mir den Schweiß aus dem Gesicht. Bald, sagt sie, ist es vorbei. Wir machen Sie ganz gewiß wieder gesund, aber Sie sind wirklich im letzten Augenblick zu uns gekommen. Wo ist mein Mann, frage ich. Noch etwas Geduld, sagt sie ausweichend, dann kommt Doktor Borberg und spricht mit Ihnen. Aber erst müssen wir Sie etwas zurechtmachen. Ich werde von kräftigen Händen etwas angehoben, während das Laken unter mir gewechselt wird. Ich werde gewaschen und bekomme ein reines weißes Hemd an. Das schlimmste, sage ich, sind all die Tiere. Die jage ich weg, sagt sie munter, rufen Sie mich nur, wenn sie kommen, dann scheuche ich die einfach weg. Passen Sie nun auf, wenn Sie wirklich brav sein wollen, dann trinken Sie, was wir hier für Sie haben. Sie brauchen so dringend Flüssigkeit, merken Sie das nicht selbst? Sind Sie nicht durstig? Sie hebt meinen Kopf und setzt ein Glas an meine Lippen. Trinken Sie, sagt sie eindringlich. Ich trinke gehorsam und bitte sogar um mehr. Das ist gut, sagt die Stimme, Sie sind wirklich brav.

Dann kommt Doktor Borberg, die einzige Gestalt in dieser Welt des Leidens, die ich deutlich erfasse. Er ist ein großer blonder Mann, Mitte dreißig, mit einem runden, jungenhaften Gesicht und klugen, freundlichen Augen. Er fragt, ob ich fähig sei, einen Augenblick mit ihm zu sprechen. Dann sagt er: Ihr Mann ist ins Rigshospital eingewiesen worden, er hat eine schwere Psychose. Die Gesundheitsbehörde hat einen Prozeß gegen ihn angestrengt, aber jetzt läßt man die Sache möglicherweise fallen. Ja, aber die Kinder, sage ich entsetzt, Jabbe hat kein Geld, wenn er nicht da ist. Ich muß sofort nach Hause. Sie kommen für das nächste halbe Jahr nicht nach Hause, sagt er bestimmt, aber natürlich muß Ihr junges Mädchen Geld bekommen. Ich habe mit ihr telefoniert, sie will in den nächsten Tagen kommen und Sie besuchen. Ich sorge dafür, daß Sie eine Spritze bekommen, bevor Sie mit ihr reden. Er verschwindet, und die Wirkung verliert sich langsam. Ich liege wieder mit vom Kissen gehobenem Kopf und starre auf meine Uhr, es gibt nichts anderes auf der Welt als das und mich.

Als Jabbe kam, gab ich ihr das Sparbuch, das Carl auf

die Tragbahre im Krankenwagen gelegt hatte. Dann bat ich sie, mein Romanmanuskript aus dem Rollschrank in Carls Zimmer zu holen und es bei meinem Verlag abzuliefern. Ich bat sie auch, bei den Kindern zu bleiben, bis ich nach Hause käme, und das versprach sie. Sie saß da und sah mich mit ihrem feuchten, ergebenen Blick an, streichelte meine Hand und fragte, ob ich genug zu essen bekäme. Dann fing sie an, mir alles mögliche von den Kindern zu erzählen, aber ich konnte nicht zuhören. Seien Sie so lieb und gehen Sie, Jabbe, bat ich, während der Schweiß mir wieder am ganzen Körper ausbrach, sagen Sie den Kindern, daß ich bald wieder gesund bin, ich freue mich darauf, sie wiederzusehen. Ihr Mann, sagte sie mit ängstlichem Blick, er kommt doch nicht plötzlich nach Hause? Nein, versprach ich, ich glaube nicht, daß er überhaupt jemals wiederkommt.

Langsam nahmen meine Leiden ab. Jetzt konnte ich den Kopf auf das Kissen legen, ohne daß die Wände sich um mein Bett zusammenschoben, und ich hörte auf, unentwegt auf meine Uhr zu starren. Ich wurde von dem Gurt befreit und durfte, von einer Krankenschwester gestützt, zur Toilette gehen. Vor meinem Zimmer war ein großer Saal, wo die Betten so dicht standen, daß dazwischen nur ein schmaler Durchgang blieb. Die meisten Patienten lagen in Gurten, und einige hatten große Fausthandschuhe an. Sie starrten mich mit leerem, gläsernem Blick an, und ich drückte mich enger an die Krankenschwester. Sie brauchen keine Angst zu haben, sagte sie, das sind nur sehr kranke Menschen. Sie tun wirklich niemand etwas. Doch die riefen und schrien, daß man sein eigenes Wort nicht verstand. Warum bin ich eigentlich hierhergekommen, sagte ich, ich bin doch nicht verrückt. Dies ist eine geschlossene Abteilung, sagte sie. Woanders konnte man Sie nicht aufnehmen, als Sie herkamen. Wenn es Ihnen besser geht, werden Sie sicher auf eine offene Station verlegt. Kommen Sie, sagte sie freundlich und führte mich an ein Waschbekken. Waschen Sie sich die Hände, versuchen Sie, ob Sie das nicht selbst können. Als ich den Kopf hebe, sehe ich mich selbst in einem Spiegel und halte die Hand vor den Mund, um einen Schrei zu unterdrücken. Das bin ich nicht, weine ich, so sehe ich nicht aus. Das ist unmöglich. Im Spiegel sehe ich ein verwüstetes, gealtertes, fremdes Gesicht mit grauer, schuppiger Haut und roten Augen. Ich sehe ja aus wie eine Siebzigjährige, schluchze ich und klammere mich an die Krankenschwester, die meinen Kopf an ihre Schulter legt. Nicht doch, daran habe ich ja gar nicht gedacht. Aber weinen Sie doch nicht, wenn Sie erst Insulin bekommen, wird es schon werden. Sie werden wieder Fleisch auf die Rippen bekommen und wie ein junges Mädchen aussehen, das verspreche ich Ihnen. Das haben wir so oft erlebt. Als ich wieder im Bett liege, sehe ich mir meine streichholzdünnen Arme und Beine an, und für einen Augenblick bin ich voller Wut auf Carl. Dann fällt mir ein, daß ich selbst zum guten Teil schuld daran bin, und der Zorn vergeht.

Früh am nächsten Morgen bekam ich eine Insulininjektion. Ich hatte nachts schlecht geschlafen und fiel in einen Dämmerschlaf, aus dem ich um halb zehn aufwachte. Ich hatte gewaltigen Hunger. Ich zitterte, und vor meinen Augen flimmerten schwarze Punkte. Mein ganzer Organismus schrie nach Nahrung, wie er vorher nach Pethidin geschrien hatte. Ich fuhr aus dem Bett hoch, stürzte hinaus auf den Gang und rief nach der Krankenschwester. Sie hieß Frau Ludvigsen. Mir ist schlecht, sagte ich, kann ich nicht etwas zu essen bekommen? Sie nahm meinen Arm und führte mich in das Zimmer zurück. Eigentlich, sagte sie, sollten Sie erst um zehn etwas zu essen bekommen, aber nun komme ich gleich damit. Ausnahmsweise geht das schon einmal. Als sie mit dem Tablett zurückkam, auf dem ein Teller voll Schwarzbrot mit Käse und Weißbrot mit Marmelade stand, griff ich danach, bevor sie das Tablett hinstellen konnte, und stopfte mir den Mund voll, kaute und schluckte und griff gierig nach mehr, während ein bisher unbekanntes physisches Wohlbehagen sich in meinem Körper ausbreitete. Nein, wie fühle ich mich wohl, rief ich zwischen zwei Schlucken Milch aus, bekomme ich so viel, wie ich essen kann? Frau Ludvigsen lachte. Ja, versprach sie, und wenn Sie uns von Haus und Hof fressen, es ist zu schön, Sie essen zu sehen. Sie holte mehr zu essen, und ich aß weiter, während ich vor Vergnügen lachte. Ich bin so glücklich, sagte ich, jetzt glaube ich endlich, daß ich wieder gesund werde. Das Insulin geben Sie mir doch wohl weiter? So lange, bis Sie Ihr normales Gewicht wiederhaben, sagte sie, aber das dauert noch etwas. Hinterher zog man mir ein Krankenhauskleid an, und ich saß in einem Stuhl am Fenster. Vor dem Haus war ein großer, gepflegter Rasen, und zwischen zwei Häusern konnte ich einen Streifen blauen Wassers mit weißen Schaumkronen sehen. Es war Herbst, und auf dem Rasen lagen zu sauberen Haufen zusammengefegt die welken Blätter. Ein paar Männer in gestreiftem Zeug waren ohne großen Arbeitseifer dabei, sie zusammenzuharken. Wann darf ich einen Spaziergang machen? fragte ich Frau Ludvigsen, als sie mir das Haar kämmte. Bald, versprach sie, jemand von uns kann mit Ihnen gehen. Allein dürfen Sie noch nicht hinaus.

Es kam eine Zeit, in der ich auf meine Uhr sah, ob
noch nicht bald Essenszeit wäre. Ich freute mich auf
die Mahlzeiten, und ich fraß wie ein Scheunendre-
scher. Ich nahm zu, und sie wogen mich jeden zweiten
Tag. Zu Anfang hatte ich dreißig Kilo gewogen, aber
bald war ich bei vierzig. Ich konnte ohne Hilfe gehen.
Jeden Tag kam ich an die Luft und redete mit der
Krankenschwester über alles Mögliche, denn ich war
jetzt strahlender Laune, und mir fiel ein, daß ich das ja
in der fernen, glücklichen Zeit, bevor ich Carl getroffen hatte, gewöhnlich gewesen war. Man erlaubte
mir, jeden Tag zu Hause anzurufen, und ich sprach
auch mit Helle am Telefon. Sie war jetzt sechs Jahre
alt und ging zur Schule. Sie sagte: Mutter, warum heiratest du Vater nicht wieder? Vater Carl mochte ich
gar nicht leiden. Ich lachte und sagte, das würde ich
vielleicht auch tun, aber es sei ja gar nicht sicher, daß
er mich wieder haben wolle. Er trinkt nicht mehr, sagte sie froh, dafür macht er wieder seine Schularbeiten.
Er war gestern hier, zusammen mit Victor. Victor hat
uns Bonbons und Karamellen geschenkt, er ist so
nett. Er hat gefragt, ob ich auch Dichterin werden will
wie meine Mutter.
Eines Vormittags, gleich nach dem Frühstück, kam
Doktor Borberg herein. Nun müssen wir mal ernsthaft miteinander reden, sagte er und setzte sich. Ich
setzte mich auf die Bettkante und sah ihn erwartungs-
voll an. Ich bin gesund, sagte ich, ich bin so glücklich.
Er erklärte mir, daß ich zwar physisch ziemlich gesund
sei, aber das sei längst nicht alles. Jetzt komme der
Stabilisierungsprozeß, und der dauere länger. Ich
müsse lernen, in der nackten Wirklichkeit ein enthalt-
sames Leben zu führen, und jede Erinnerung an Pethidin müsse langsam aus meinem Bewußtsein ver-

schwinden. Es ist leicht, sagte er, sich hier in diesem abgeschirmten Leben gesund und froh zu fühlen, aber wenn Sie nach Hause kommen und wieder Schwierigkeiten ausgesetzt sind – das passiert ja uns allen – ist die Versuchung wieder da. Ich weiß nicht, sagte er, wann Ihr Mann wieder gesund wird, wenn er das überhaupt jemals gewesen ist, aber Sie dürfen ihn niemals wiedersehen, was auch immer geschieht, und man wird dafür sorgen, daß er Sie nicht aufsucht. Er fragte mich, ob ich auch noch zu andern Ärzten gegangen sei, und das verneinte ich. Er fragte mich auch, ob Carl mir außer Pethidin noch etwas anderes gegeben habe, und ich nannte Butalgin. Das ist genauso gefährlich, sagte er, das dürfen Sie auch niemals wieder nehmen. Ich meinte, ich wolle für den Rest meines Lebens niemals mehr mit diesen Mitteln zu tun haben, denn ich würde nie die fürchterlichen Leiden vergessen, die ich durchgemacht hätte. Doch, sagte er ernst, Sie werden das sehr schnell vergessen. Wenn Sie wieder in eine Versuchung dieser Art kommen, werden Sie denken, es werde schon gutgehen. Sie werden denken, daß Sie es im Griff behalten können, und ehe Sie sich's versehen, sitzen Sie wieder in der Patsche. Ich lachte sorglos: Sie haben kein besonderes Zutrauen zu mir, sagte ich. Wir haben sehr traurige Erfahrungen mit Süchtigen gemacht, sagte er ernst, nur einer unter hundert wird wieder wirklich gesund. Dann lächelte er und klopfte mir freundschaftlich auf die Schulter. Manchmal denke ich, daß gerade Sie diese Eine sind, denn Ihr Fall ist so speziell, und im Gegensatz zu vielen anderen haben Sie eine Aufgabe im Leben. Bevor er ging, gab er mir Geländefreiheit, was bedeutete, daß ich täglich eine Stunde allein auf dem Gelände der Anstalt spazierengehen durfte.

Die Zeit verging, und ich bewegte mich ganz wie zu Hause auf der Station und dem schönen Gelände, wo ich mich dann und wann mit andern Patienten unterhielt, die auch spazierengingen. Das Personal war mir inzwischen so vertraut, daß ich nein sagte, als man mir anbot, mich auf eine bessere Station zu verlegen. Jabbe brachte mir meine Schreibmaschine und etwas zum Anziehen. Mein Zeug war in kümmerlichem Zustand, weil ich jahrelang nichts Neues gekauft hatte. Jabbe sorgte auch dafür, daß ich Geld bei mir hatte, und eines Tages bekam ich die Erlaubnis, allein nach Vordingborg zu gehen, um mir einen Wintermantel zu kaufen. Ich hatte nur meinen alten, dünnen Popelinemantel aus Ebbes Zeit. So ging ich an einem Nachmittag in die Stadt. Es begann schon zu dämmern, einzelne blasse Sterne am Himmel wurden überstrahlt von den Lichtern der Stadt. Mir war ruhig und glücklich zumute, und meine Gedanken kreisten wie immer in jener Zeit um Ebbe. Ich dachte an Helles Worte: Mutter, warum heiratest du Vater nicht wieder? Ich hatte viele Briefe an ihn angefangen, aber die waren alle im Papierkorb gelandet. Ich hatte ihm so viele unnötige Sorgen bereitet, und er würde nie ganz verstehen können warum.

Als ich den Mantel gekauft und gleich angezogen hatte, ging ich durch die Hauptstraße zurück, ohne an den Auslagen der Geschäfte stehenzubleiben. Ich war hungrig und freute mich auf das Abendessen. Da wurde meine Aufmerksamkeit plötzlich von einem elegant beleuchteten Apothekenfenster angezogen. Gedämpfter Schein ging aus von Quecksilberbehältern und mit Kristallen gefüllten Glaszylindern. Ich stand lange davor, während das Verlangen nach kleinen weißen Tabletten, die so leicht zu bekommen waren, in mir aufstieg wie eine dunkle Flüssigkeit. Entsetzt merkte ich, während ich da stand, daß dies in mir saß wie Fäule in einem Baum oder wie die Leibesfrucht, die wächst und ihr eigenes Leben hat, auch wenn man nichts davon wissen will. Widerwillig riß ich mich los und ging langsam weiter. Der Sturm blies mir mein langes Haar ins Gesicht, ich strich es mit einer irritierten Bewegung zur Seite. Ich dachte an Borbergs Worte: Wenn Sie wieder in eine Versuchung dieser Art kommen — Als ich zurück war, nahm ich ein Blatt Schreibmaschinenpapier in die Hand und starrte es an. Wie leicht wäre es, es mit einer Schere zurechtzuschneiden, ein Rezept für Butalgin zu schreiben und damit in die Apotheke zu gehen. Dann dachte ich daran, wie viel man hier für mich getan hatte und wie aufrichtig man sich mit mir freute, daß ich wieder gesund war, und ich fühlte, daß ich es ihnen nicht antun konnte. Nicht, solange ich hier war. Ich ging hinaus ins Badezimmer, faßte Mut und betrachtete mich im Spiegel. Das hatte ich nicht mehr getan seit dem Tage, an dem mein Aussehen mich so erschreckt hatte. Ich lächelte mein Spiegelbild fröhlich an und faßte an meine runden, glatten Backen. Meine Augen waren klar, mein Haar glänzte. Ich sah nicht einen Tag älter aus, als ich wirklich war. Doch als ich im Bett lag und mein Chloral bekommen hatte, lag ich lange wach und sah das Apothekenfenster vor mir. Ich dachte daran, wie gut ich nach Butalgin gearbeitet hatte, und daß es sich nur darum handelte, mit der Dosis nicht zu hoch zu gehen. Es war doch nicht schlimm, dann und wann ein bißchen davon zu nehmen, wenn man nur dafür sorgte, daß es einen nicht überwältigte. Dann fielen mir meine endlosen Leiden während der Entziehung ein, und ich dachte: Nein — nie mehr. Am nächsten Tag schrieb ich an Ebbe und fragte ihn, ob er mich nicht besuchen wolle. Einige Tage später kam seine Antwort. Er schrieb, wenn ich ihn vor ein paar Monaten gerufen hätte, wäre er sofort gekommen, doch jetzt habe er ein anderes Mädchen getroffen, und alles habe sich für ihn zum Guten gewandt. Er schrieb, man könne doch einen Menschen nicht für fünf Jahre verlassen und dann erwarten, ihn an derselben Stelle wiederzufinden, wenn man zurückkehre.

Ich weinte, als ich den Brief gelesen hatte. Bisher hatte mich kein Mann jemals abgewiesen. Dann dachte ich an das Haus an Ewaldsbakken, an den vernachlässigten Garten und an die Kinder, die ihre Mutter nicht mehr kannten, genauso wie ich sie wohl nicht mehr kennen würde. Ich würde nach Hause kommen und mit ihnen und Jabbe allein sein, und ich fühlte, daß ich mich dafür überhaupt nicht eignete. Während meiner letzten Zeit in Oringe ging ich nicht mehr in die Stadt, um das Apothekenfenster nicht mehr zu sehen.

7

Es ist Frühjahr, als ich in das Haus an Ewaldsbakken zurückkehre. Die Gärten duften nach Forsythien und Goldregen, der an dem schmalen kiesbedeckten Fußweg über die Hecke hängt. Jabbe hat den Tisch festlich gedeckt, es gibt Schokolade und selbstgebackene Kringel, und die Kinder sitzen sauber und hübsch angezogen drum herum. Mitten auf dem Tisch steht ein Pappschild gegen eine Vase mit Blumen gelehnt. Willkommen zu Hause, Mutter, steht da in schiefen Blockbuchstaben, und Helle erzählt, daß sie es selbst gemalt hat. Sie sieht mich mit ihren schrägen Ebbe-Augen an, während sie auf mein Lob wartet. Die beiden Kleinen sind still und schüchtern, und als ich Trine, diesem kleinen fremden Vogel, übers Haar streichen will, schiebt sie meine Hand weg und schmiegt sich an Jabbe. Ja, was denn, kennst du nicht einmal deine eigene Mutter? sagt Jabbe vorwurfsvoll. Ich denke daran, daß es Jabbe ist, die ihre ersten Schritte gelenkt hat, Jabbe, die mit ihnen geplappert, auf ihre Schrammen gepustet und sie abends in den Schlaf gesungen hat. Nur Helle fühlt sich mir noch nahe und redet mit mir, als ob es nie eine Trennung gegeben habe. Sie erzählt mir, daß ihr Vater wieder geheiratet hat, eine Dame, die wie ich Gedichte schreibe. Aber du bist viel hübscher, sagt sie parteiisch, und Jabbe lacht, während sie mir nachschenkt. Deine Mutter, sagt sie, ist immer noch genauso hübsch wie an dem Tag, als ich sie zum erstenmal gesehen habe. Als die Kinder im Bett sind, sitze ich noch lange auf und schwatze mit Jabbe. Sie hat eine Flasche Johannisbeerlikör besorgt, den wir miteinander trinken,

während ein unbestimmtes Verlangen in mir sich ein
wenig verliert. Es ist besser, dann und wann ein bißchen zu trinken, sagt Jabbe, die rötere Backen und
blankere Augen hat als gewöhnlich, als all das Zeugs,
das ihr Mann in sie hineingepumpt hat. Na, sage ich,
wollen Sie mich jetzt zur Trinkerin machen? Dann bin
ich ja vom Regen in die Traufe gekommen. Wir lachen alle beide und verabreden, daß sie jeden Mitt-
wochnachmittag und jedes zweite Wochenende frei
haben soll. Das arme Mädchen hat ja jahrelang keine
freie Stunde gehabt. Sie fragt, was sie denn mit sich allein anfangen soll, und ich schlage vor, sie solle eine
Heiratsannonce in die Zeitung setzen. Ich würde es
ebenso machen. Der Mensch ist nicht dazu geschaffen, allein zu sein, sage ich. Ich hole Papier und Bleistift, und wir haben viel Spaß dabei, zwei Anzeigen
abzufassen, in denen wir uns selbst im Besitz alles dessen schildern, was jeder Mann gebrauchen kann. Wir
werden ganz albern, und es ist spät, als ich in mein
Zimmer hinaufgehe. Jabbe hat das Zimmer mit fri-
schen Blumen geschmückt, aber die Erinnerung an all
das, was mir hier widerfahren ist, überwältigt mich für
einen Augenblick, so daß ich mich angezogen auf das
Bett lege. Mir scheint, ich sähe den Schatten einer Gestalt, die umhergeht und Fusseln aufsammelt, Unver-
ständliches vor sich hin murmelnd. Wo mag er jetzt
sein? Ich gehe ans Fenster, öffne es und lehne mich
hinaus. Es ist ganz sternklar, die Deichsel des Großen
Wagens zeigt gerade auf mich, und draußen auf dem
spärlich beleuchteten Weg geht eng umschlungen ein
junges Paar. Unter einer Laterne bleiben sie stehen
und küssen einander. Ich schließe das Fenster schnell
wieder, und es ist mir wie damals, als ich mit Viggo F.
verheiratet und die ganze Welt voller verliebter Paare

war. Mit schwerem Herzen ziehe ich mich aus und gehe ins Bett. Dann fällt mir ein, daß ich die Milch für mein Chloral vergessen habe. Ich habe eine Flasche voll aus dem Krankenhaus mitbekommen, und wenn sie leer ist, will Doktor Borberg mir ein Rezept für eine neue schicken. Er will nicht, daß ich zu andern Ärzten gehe. Als er mir auf Wiedersehen sagte, hat er mir eingeschärft, ich solle ihn anrufen, wenn ich Probleme hätte oder auch nur so, damit er immer wisse, wie es mir gehe. Ich hole die Milch aus der Küche und gehe wieder ins Bett. Ich genehmige mir drei Meßbecher statt der zwei, die ich sonst bekommen habe, und während die gleichgültig machende Wirkung sich in mir ausbreitet, denke ich daran, daß es Frühling ist, daß ich noch jung bin und kein Mann in mich verliebt ist. Unwillkürlich umfasse ich mich selbst, rolle das Kopfkissen zusammen und drücke es an mich, als ob es etwas Lebendiges sei.

Die Tage gehen in regelmäßigem Rhythmus dahin, und ich bin immer mit Jabbe und den Kindern zusammen. Es beginnt mich zu bedrücken, in meinem Zimmer allein zu sein, und ich habe keine Lust mehr zum Schreiben. Die Kleinen gewöhnen sich an mich und laufen ebensooft zu mir wie zu Jabbe. Jabbe redet mir zu, doch einmal auszugehen und andere Menschen zu sehen. Sie möchte, daß ich meine Freunde und meine Familie wieder aufsuche, aber irgend etwas hält mich zurück, vielleicht die alte Furcht davor, daß jemand entdecken könnte, was im Hause vor sich geht. Eines Morgens wache ich in besonders trübseliger Stimmung auf. Ich kann hören, wie es regnet, und das Zimmer ist voll von grauem, trostlosem Licht. Das Apothekenfenster in Vordingborg steht vor meinem inneren Auge mit einer Deutlichkeit, als hätte ich es nicht ein-, sondern hundertmal gesehen. Ich blicke auf den Stapel Papier auf meinem Schreibtisch. Nur zwei, denke ich, nur zwei jeden Morgen, niemals mehr. Was soll dabei schon passieren? Ich stehe auf und schaudere unbehaglich. Ich gehe zum Schreibtisch, setze mich hin, krame eine Schere hervor und schneide ein längliches Stück Papier zurecht. Ich fülle es sorgfältig aus, ziehe mich an und sage zu Jabbe, ich wolle einen kleinen Morgenspaziergang machen. Ich habe mit Carls Namen unterschrieben, und ich bin ganz sicher, daß er — wo immer in der Welt er auch sein mag — sich vor mich stellen wird, wenn es so weit kommen sollte. Als ich zurückkomme, nehme ich zwei Tabletten und sehe dann nachdenklich auf das Tablettenfläschchen. Ich habe mir zweihundert verschrieben. Ich denke an meine Leiden während der Entziehungskur und höre ganz fern in meinem Innern Borbergs Stimme: Sie werden das schnell vergessen. Plötzlich bekomme ich Angst vor mir selber und schließe die Tabletten in den Rollschrank ein. Den Schlüssel lege ich weit hinten unter meine Matratze, ohne zu wissen, warum ich das tue. Als die Wirkung sich einstellt, kommt eine Fröhlichkeit und Unternehmungslust über mich, ich setze mich an die Maschine und tippe die erste Strophe eines Gedichtes, das ich seit langem zu schreiben vorhabe. Die erste Strophe entsteht immer wie von selbst. Als ich fertig bin und das Gedicht gut finde, habe ich unwiderstehliche Lust, mit Doktor Borberg zu sprechen. Ich rufe ihn an, und er fragt mich, wie es mir geht. Gut, sage ich, der Himmel ist so blau, und das Gras ist viel grüner als sonst. Dann kommt eine Pause. Hören Sie, sagt er, was haben Sie genommen? Nichts, lüge ich, mir geht es nur gut. Warum fragen Sie? Vergessen Sie

es, sagt er mit einem Lachen, ich bin nur von Natur aus
mißtrauisch. Ich gehe hinunter in die Küche und helfe
Jabbe beim Kartoffelschälen, während die Kinder
um uns herumwimmeln. Es ist Sonntag, deshalb ist
Helle nicht in der Schule. Wir trinken Kaffee am Kü-
chentisch, und nachher nehme ich die Kinder mit ins
Kinderzimmer und lese ihnen aus Grimms Märchen
vor. Nach dem Essen mache ich einen so trüben und
abwesenden Eindruck, daß Jabbe mich fragt, was los
ist. Nichts, sage ich, ich will nur etwas zu Mittag schlafen. Ich gehe nach oben, lege mich hin und starre an
die Decke, die Arme unter dem Kopf verschränkt.
Noch zwei, denke ich, das kann doch nicht schaden,
wenn ich daran denke, wie viele ich früher vertilgt habe. Als ich in Carls Zimmer komme, sehe ich, daß der
Schlüssel nicht im Rollschrank steckt. Wo in aller
Welt kann ich den gelassen haben? Es fällt mir nicht
ein, und plötzlich ergreift mich Panik. Angstschweiß
bricht unter meinen Armen aus, während ich alles im
Zimmer auf den Kopf stelle. Ich suche wie eine Irre,
während ich daran denke, daß Sonntagnachmittag
ist. Ich muß also annehmen, daß die Apotheke ge-
schlossen ist. Ich leere alle Schreibtischschubladen
auf den Tisch aus, drehe sie um, klopfe gegen den Boden, aber der Schlüssel ist nicht da. Ich muß die Tabletten haben, nur noch zwei, weiter denke ich nicht.
Ich gehe nach unten. Jabbe, sage ich, es ist schrecklich, aber der Schlüssel zum Rollschrank ist verschwunden, und ich habe ein paar Papiere da drin, die
ich unbedingt brauche. Das hat nicht Zeit bis morgen.
Da sagt die praktische Jabbe, wir könnten ja einen
Schlosser holen, das habe sie schon einmal auspro-
biert, als sie sich ausgeschlossen hatte. Der ist Tag und
Nacht da, meint sie, und sie schlägt im Telefonbuch

nach und gibt mir die Nummer. Ich stürze nach oben ans Telefon und erkläre dem Mann, daß der Schlüssel zu einem Schrank verschwunden ist. In dem Schrank sei eine lebenswichtige Medizin aufbewahrt, die ich sofort brauchte. Er kommt und öffnet das Schloß mit einem Dietrich. So, das haben wir, sagt er. Das macht fünfundzwanzig Kronen. Als er gegangen ist, nehme ich vier Tabletten und denke mit dem klaren, aufmerksamen Teil meines Bewußtseins, daß ich nun wieder auf demselben Wege bin und daß ein Wunder geschehen müßte, um mich aufzuhalten. Aber am nächsten Tag nehme ich nur morgens zwei Tabletten, wie ich es mir vorgenommen hatte, und als die Versuchung später wieder über mich kommt, hilft es mir schon, das Glas in der Hand zu halten. Das ist da, das verschwindet nicht, es gehört mir, und keiner kann es mir nehmen.

Ein paar Nächte später werde ich dadurch geweckt, daß das Telefon läutet. Tag, sagt eine betrunkene Stimme, hier ist Arne. Sinne ist in London, und wenn sie nach Hause kommt, trennen wir uns. Aber darum geht es jetzt nicht. Ich und Victor sitzen hier bei mir zu Hause und heben einen, und jetzt haben wir Lust, dich zu besuchen. Das ist doch ganz blöd, daß du Victor nie kennengelernt hast. Können wir jetzt kommen? Nein, sage ich irritiert, laß mich jetzt schlafen. Aber morgen, bei hellem Tageslicht? drängt er, und um ihn loszuwerden, sage ich ja. Als ich wieder im Bett liege, nachdem ich den Stecker herausgezogen habe, fällt mir ein, daß Jabbes freier Tag ist. Hoffentlich rufen sie nicht wieder an. Morgens habe ich die ganze Sache vergessen, nehme meine zwei Tabletten, gehe nach unten und frühstücke mit Jabbe und den Kindern. Als Jabbe um die Mittagszeit gegangen ist, ruft Arne wieder an und ist noch betrunkener als in der Nacht. Wir sitzen hier in »Den Grönne«, sagt er, und nehmen in Ruhe ein Bier zu uns. Wir sind in einer halben Stunde da. Als ich den Hörer aufgelegt hatte, ging ich nach oben und nahm vier Tabletten, um gewappnet zu sein. Dann zog ich die Kleinen an und ging mit ihnen ein Stückchen den Weg hinauf. Es war Juli, und ich hatte ein blaues Sommerkleid an, das ich mit Jabbe zusammen gekauft hatte. Als wir auf dem Rückweg waren, kam eine Taxe, und hinter der Scheibe sah ich Arnes versoffenes, rundes Gesicht neben einem andern, das ich nicht erkennen konnte. Das Auto war vor uns am Haus, und die beiden Männer stiegen aus, die Arme voller Flaschen. Tag Tove, hier bin ich mit Victor. Ich begrüßte die beiden, und der, der Victor hieß, küßte mir die Hand. Er wirkte fast nüchtern, und sein Anblick ließ meine ganze Irritation verschwinden. Ich ließ die Hände der Kinder los, und sie liefen ins Haus. Ich konnte seine Augen wegen der Sonne nicht richtig sehen, aber sein Mund hatte den schönsten Amorbogen, den ich jemals gesehen hatte. Seine ganze Persönlichkeit strahlte eine Art verwüsteter und dämonischer Vitalität aus, die mich völlig faszinierte. Ich ließ die beiden eintreten, und Arne fiel sofort der Länge nach auf Carls Bett. Ich bat Helle, einen Augenblick auf die beiden Kleinen aufzupassen und ging mit Victor in mein Zimmer hinauf. Er nahm Platz und sah mich lange an, ohne ein Wort zu sagen. Ich setzte mich auf einen andern Stuhl, und mein Herz schlug ungestüm. Ich war erfüllt von einer Mischung aus Glück und Angst zugleich, Angst wie ich sie als Kind hatte, wenn meine Mutter heulte: Ich hau jetzt ab, und mein Bruder und ich nicht wußten, was aus uns werden sollte. Victor kniete vor mir nieder und begann, meine Knöchel zu streicheln. Ich liebe dich, sagte er, ich liebe deine Gedichte. Jahrelang habe ich mich danach gesehnt, dich kennenzulernen. Er wandte mir sein Gesicht zu, und ich sagte: Bis jetzt habe ich immer geglaubt, alles Gerede von Liebe auf den ersten Blick sei Lüge. Ich umfaßte seinen Kopf und küßte seine schönen Lippen. Unter seinen müden Augen lagen tiefe, rauchfarbene Schatten, und zwei Furchen liefen seine Wangen herunter wie die Spuren von Tränen. Es war ein Gesicht voller Leiden und Leidenschaft. Verlaß mich nicht, sagte ich heftig, geh niemals mehr von mir. Es war sonderbar, so etwas zu einem Menschen zu sagen, den man zum erstenmal sieht, aber Victor schien nicht erstaunt zu sein über meine Worte. Nein, sagte er und zog mich eng an sich, von dir geh ich nie mehr weg. Nachher gingen wir zu den Kindern hinunter, die Victor von früheren Besuchen während meiner Zeit in Oringe kannten. Guck mal, Helle, sagte er, hier hast du zehn Kronen, lauf und hol Himbeerbonbons für euch drei. Als wir aßen, sah Helle Victor hingerissen an und sagte: Mutter, kannst du ihn nicht heiraten? Dann haben wir doch wieder einen Vater im Haus. Victor lachte. Das will ich mir überlegen, sagte er.

Ich bin wahnsinnig in dich verliebt, sagte ich, als wir wieder in meinem Bett lagen. Bleibst du die ganze Nacht hier? Ja, das ganze Leben, sagte er und lachte mit seinen blendenden Zähnen. Und was ist mit deiner Frau? fragte ich. Wir haben das Recht der Liebe auf unserer Seite, sagte er. Das Recht, sagte ich und küßte ihn, ist immer das Recht, anderen unrecht zu tun. Wir liebten einander, und wir redeten miteinander fast die ganze Nacht hindurch. Er erzählte mir von seiner Kindheit, und die glich Ebbes Kindheit, aber es

war trotzdem, als hörte ich die Geschichte zum erstenmal. Ich erzählte ihm von den fünf Wahnsinnsjahren
mit Carl und über meinen Aufenthalt in Oringe. Ich
wußte nicht, daß man von Drogen so krank werden
kann, sagte er erstaunt. Ich dachte, es sei so, als ob wir
andern unser Bier tränken. Und irgend etwas muß
man ja haben, um das Leben auszuhalten. Unmittel-
bar darauf schlief er ein, und ich lag da und betrachtete
sein Gesicht mit den feinen Nasenflügeln und dem
vollkommenen Mund. Ich erinnerte mich daran, daß
ich einmal zu Jabbe gesagt hatte: Nur daran zu denken, daß man irgend etwas für irgend jemand fühlen
kann. Das konnte ich jetzt, und es war das erstemal,
seit ich Ebbe kennengelernt hatte. Ich war nicht mehr
allein, und ich fühlte, daß es nicht betrunkenes Gerede gewesen war, wenn er gesagt hatte, er wolle das
ganze Leben bei mir bleiben. Ich nahm mein Chloral
und drückte mich dicht an ihn. Sein helles Haar dufte-
te wie das Haar von Kindern, wenn sie von ihrem Spiel
in der Sonne und auf den Wiesen zurückkommen.

8

In der nächsten Zeit waren Victor und ich fast immer zusammen. Er ging nur nach Hause, um sich von seiner Frau ein Hemd waschen und plätten zu lassen, und ich sagte lachend, in einigen Jahren werde das vielleicht mein Los sein. Er hatte eine kleine Tochter von vier Jahren, an der er sehr hing und von der er viel erzählte. Er ging nur jeden zweiten Tag zu seiner Arbeit, und wenn er hingegangen war, telefonierten wir alle Stunde miteinander. Er war Nationalökonom wie Ebbe, und genau wie er interessierte er sich mehr für Literatur. Er konnte in meinem Zimmer auf und ab gehen und Fürst Andrej aus Tolstois *Krieg und Frieden* sein oder d'Artagnan aus den *Drei Musketieren*. Er focht gegen die Luft mit einem unsichtbaren Degen und führte große Kampfszenen auf, in denen er alle Personen darstellte. Seine schlanke Gestalt bewegte sich durch das Zimmer, während die Zitate von seinen Lippen flossen, bis er erschöpft und lachend auf das Bett fiel. Ich bin zur falschen Zeit geboren, sagte er, ein paar Jahrhunderte zu spät. Aber wenn ich zu jener Zeit geboren wäre, hätte ich dich ja niemals getroffen. Er nahm mich in seine Arme, und wir vergaßen alles andere auf der Welt. Kaum war unsere Begierde gestillt, so erwachte sie wieder, und die Kinder waren wiederum ganz Jabbes Fürsorge überlassen. Das ist das Schreckliche an der Liebe, sagte ich, daß man gegen alle andern Menschen ganz gleichgültig wird. Ja, sagte er, und dann endet sie doch immer auf eine Weise, die verflucht wehtut. Eines Tages kam er froh an und erzählte, seine Frau habe die Scheidung verlangt. Da zog er ganz ins Haus und hatte nichts anderes mitgebracht als seine Kleidung und seine Bücher. Er war völlig gleichgültig gegenüber materiellen Dingen. Ungefähr gleichzeitig rief mich ein Rechtsanwalt an, den Carl beauftragt hatte, unsere Scheidung einzuleiten. Er erklärte mir, Carl wolle das Haus verkaufen lassen, um die Hälfte des Erlöses zu bekommen. Dann verkaufen wir es eben, sagte Victor, wir werden schon eine andere Wohnung finden.

Aber es fiel doch ein Schatten über unsere glücklichen Tage, ohne daß Victor ihn bisher wahrgenommen hatte. Ich nahm mehr und mehr Butalgin aus Angst, krank zu werden, wenn ich damit aufhörte. Ich verlor den Appetit und nahm ab, und Victor sagte, ich gliche einer Gazelle, deren Bestimmung es sei, von einem Löwen gefressen zu werden. Ich nahm die Tabletten nach Lust und Laune ganz unregelmäßig und bekam niemals heraus, wie viele ich eigentlich brauchte. Dann und wann hatte ich Lust, Borberg anzurufen und ihm alles zu erzählen. Oft war ich auch in Versuchung, es Victor zu erzählen, unterließ es aber aus einer dunklen Furcht, ihn zu verlieren.

Eines Sonntagmorgens fuhren wir früh mit den Rädern nach Dyrehaven, um in einem kleinen, abseits gelegenen Restaurant, das unser Stammlokal geworden war, zu frühstücken. Ich hatte vier Butalgin genommen, bevor wir losfuhren, hatte aber vergessen, das Glas mit den Tabletten mitzunehmen. Wir saßen da und sahen einander in die Augen, und der Kellner lächelte uns nachsichtig an. Was er wohl denkt, sagte ich. Victor lachte: Du weißt doch, sagte er, daß es nichts so Lächerliches gibt wie anderer Leute Verliebtheit. Er amüsiert sich einfach über uns. Er legte seine Hand auf meine. Du siehst aus wie eine Odaliske, sagte er und mußte mir erklären, was eine Odalis-

ke ist. Der Himmel war vollkommen blau, und in dem
Gesang der Vögel war ein besonderer, frühlingshaf-
ter Jubel. Eine Goldammer setzte sich auf das rotka-
rierte Tischtuch und pickte die Krumen auf, der Augenblick prägte sich dem Gedächtnis fest ein als etwas, das man jederzeit hervorholen und wieder erleben kann, was auch immer geschehen möge. Wir gingen ein Stück durch den Wald, einander an den Händen haltend, und ich erzählte Victor von meiner Ehe
mit Viggo F. und warum ich es damals nicht ertragen
konnte, verliebte junge Menschen zu sehen. Die Zeit
flog dahin, und Victor schlug vor, wir sollten zum Restaurant zurückgehen und etwas zu Mittag essen.
Plötzlich überfiel mich ein Kälteschauer wie ein An-
griff aus dem Hinterhalt, und ich wußte, was das bedeutete. Ich ließ Victors Hand los. Nein, sagte ich, ich
will lieber nach Hause. Oh, bitte nicht, bat er erstaunt
und etwas unruhig, hier ist es doch so schön. Nach
Hause kommen wir noch früh genug. Ich blieb stehen
und schlang die Arme um mich, um mich besser warm
zu halten. Es sammelte sich Wasser in meinem Mund,
und ich war nahe daran, mich zu übergeben. Plötzlich
sagte ich: Hör mal zu, ich habe Tabletten zu Hause,
die ich jetzt unbedingt brauche. Ich kann so nicht weiter. Laß mich doch nach Hause fahren. Er fragte mich
besorgt, was für Tabletten, und ich antwortete, der
Name werde ihm nichts sagen. Du bist also immer
noch süchtig, sagte er unruhig, ich dachte, du hättest
jetzt genug an mir. Während wir nach Hause radelten,
sagte ich ihm, ich würde langsam weniger nehmen,
weil ich endlich davon loskommen möchte. Ich hätte
genug an ihm, es sei nur so, daß ich rein physisch ohne
den Stoff nicht leben könne. Ich erzählte ihm auch,
während ich schnell in die Pedale trat, daß ich Doktor

Borberg anrufen und ihn fragen wolle, was ich tun
könne. Das tust du, sobald wir zu Hause sind, sagte er
mit einer Bestimmtheit, die ich vorher noch nicht an
ihm erlebt hatte. Wir kamen nach Hause, und ich
nahm vier Tabletten. Dann rief ich Doktor Borberg
an. Ich bin verliebt, sagte ich, wir wohnen zusammen,
er heißt Victor. Er ist doch um Himmels willen nicht
Arzt, sagte Borberg. Da erzählte ich ihm von den gefälschten Rezepten, und daß ich gern damit aufhören
wolle, es aber nicht allein fertigbringe. Er blieb einen
Augenblick stumm. Lassen Sie mich mit Victor sprechen, sagte er kurz. Ich gab Victor den Hörer, und
Borberg redete eine Stunde lang mit ihm darüber, was
Drogensucht sei, und wogegen er kämpfen müsse,
wenn er an mir hänge. Als Victor den Hörer auflegte,
war er wie verwandelt. Sein Gesicht strahlte einen
kalten, unbeugsamen Willen aus, und er hielt mir seine Hand hin. Gib mir die Tabletten, sagte er. Ich ging
erschrocken hinein und holte sie, und er steckte sie in
die Tasche. Du bekommst jeden Tag zwei, sagte er,
weder mehr noch weniger. Und wenn sie alle sind, hören wir auf. Es ist Schluß mit den gefälschten Rezepten. Wenn ich merke, daß du noch ein einziges
schreibst, will ich nichts mehr mit dir zu tun haben.
Liebst du mich denn nicht mehr? fragte ich weinend.
Doch, sagte er kurz, gerade darum.
An den folgenden Tagen ging es mir elend. Das ging
aber vorüber, und wir waren beide glücklich. Nun ist
es endgültig vorbei, versprach ich ihm, du bist mir
wichtiger als alle Pillen der Welt. Wir verkauften das
Haus und zogen mit Jabbe und allen Kindern in eine
Vierzimmerwohnung in Frederiksberg.
Zu Herbstanfang wurde Helle eines Nachts krank.
Sie kam zu uns herein und kroch zu mir ins Bett, zit-

ternd vor Fieber. Der Hals tat ihr weh, und ich maß ihre Temperatur, die war über vierzig Grad. Ich fragte Victor, was wir tun könnten, und er sagte, er werde nach einem Notarzt telefonieren. Eine halbe Stunde später war der Arzt da. Es war ein großer, freundlicher Mann, der Helle in den Hals sah und ein Rezept für Penicillintabletten aufschrieb. Kinder bekommen leichter Fieber als Erwachsene, erklärte er. Aber ich will ihr zur Sicherheit lieber doch eine Spritze geben. Als er seine Arzttasche öffnete, sah ich Spritzen und Ampullenschachteln, und mein Verlangen nach Pethidin, das ich so tief begraben glaubte, breitete sich in meinem Bewußtsein mit unwiderstehlicher Stärke aus. Victor schlief immer vor mir ein, und er hatte einen festen Schlaf. In der nächsten Nacht schlich ich mich leise aus dem Bett und nahm im Wohnzimmer den Hörer vorsichtig vom Telefonapparat. Ich wählte die Notarztnummer und setzte mich wartend in einen Stuhl, die Beine hochgezogen. Ich hatte die Wohnungstür offenstehen lassen, damit er nicht zu klingeln brauchte. Ich war halbtot vor Angst, daß Victor es merken könne, aber was mich trieb, war stärker als Angst. Als der Arzt kam, sagte ich, ich käme um vor Ohrenschmerzen, und er sah in das operierte Ohr. Können Sie Morphin vertragen? fragte er. Nein, danach muß ich mich übergeben. Dann bekommen Sie etwas anderes, sagte er und füllt die Spritze. Ich flehte zum Himmel, es möge Pethidin sein. Es war Pethidin, und ich legte mich wieder zu dem schlafenden Victor, während die alte Süße und Seligkeit sich in meinem ganzen Körper ausbreitete. Glücklich und kurzsichtig dachte ich, daß ich das wiederholen könne, sooft ich wolle, weil das Risiko, entdeckt zu werden, gering sei.

Aber einige Nächte später, als der Notarzt dabei war, die Spritze aufzuziehen, kam Victor plötzlich ins Zimmer. Was zum Teufel geht hier vor, schrie er wie rasend den erschrockenen Arzt an. Ihr fehlt überhaupt nichts, machen Sie, daß Sie hinauskommen, und setzen Sie ihren Fuß nicht wieder in dieses Haus. Als der Arzt gegangen war, packte er mich so hart an den Schultern, daß es weh tat. Du verfluchter kleiner Satan, knurrte er, wenn du das noch ein einziges Mal machst, verlasse ich dich augenblicklich.

Aber das tat er nicht, das tat er niemals. Er kämpfte gegen seinen furchtbaren Rivalen mit einer niemals nachlassenden Leidenschaft und einer Wut, die mich mit Entsetzen erfüllte. Wenn er daran war, den Kampf aufzugeben, rief er Doktor Borberg an, dessen Worte ihm wieder Kraft gaben. Ich mußte mit den Notärzten aufhören, weil Victor kaum noch schlief. Aber wenn er zu seiner Arbeit gegangen war, suchte ich andere Ärzte auf und brachte sie leicht dazu, mir eine Spritze zu geben. Um mich vor mir selbst zu schützen, erzählte ich es abends Victor. Er rief eine Menge Ärzte an und drohte ihnen mit der Gesundheitsbehörde, so daß ich nicht wieder zu ihnen gehen konnte. Aber in meinem wilden Pethidinhunger fand ich immer neue. Ich aß nichts und nahm wieder ab, und Jabbe war tief besorgt um meine Gesundheit. Doktor Borberg sagte zu Victor, wenn das so bleibe, müsse ich wieder in die Klinik, aber ich flehte ihn an, mich zu Hause zu behalten. Ich gelobte Besserung und brach meine Gelübde wieder. Zuletzt sagte Borberg zu Victor, die einzige erfolgversprechende Lösung sei, daß wir aus Kopenhagen wegzögen. Zu diesem Zeitpunkt hatten wir nicht besonders viel Geld, aber wir bekamen ein Darlehen vom Verlag Hassel-

balch und kauften damit ein Haus in Birkeröd. Es gab
dort fünf Ärzte, und die suchte Victor sofort auf und
verbot ihnen, auch nur das mindeste mit mir zu tun zu
haben. Dadurch wurde es schließlich unmöglich für
mich, mir Stoff zu beschaffen, und langsam lernte ich,
mich mit dem Dasein abzufinden, wie es eben war.
Wir liebten einander und hatten genug aneinander
und an den Kindern. Ich fing wieder an zu schreiben,
und wenn die Wirklichkeit zu einem Sandkorn im Auge wurde, kaufte ich eine Flasche Rotwein und trank
sie mit Victor zusammen aus. Ich war aus meiner jah-
relangen Drogensucht gerettet, aber noch heute er-
wacht das alte Verlangen ganz schwach in mir, wenn
mir nur eine Blutprobe entnommen wird oder wenn
ich an einem Apothekenfenster vorbeigehe. Das
stirbt niemals ganz, solange ich lebe.

Als „nicht wegzudenkender Bestandteil des geistigen Lebens der Bundesrepublik Deutschland" wurde die edition suhrkamp bezeichnet. Diese Funktion möchte auch die Neue Folge übernehmen. Auch sie möchte Strömungen widerspiegeln und Impulse für neue Entwicklungen geben, Chronik und Anregung sein, Widersprüche zeigen und Widersprüche provozieren. Sie möchte eine Reihe sein, in der der Alltag differenziert betrachtet wird, in der der Mensch der Gegenwart sich erkennt, in seinen Problemen und Ängsten, in seinen Möglichkeiten und seiner Hoffnung. Die edition suhrkamp möchte, mit einem Wort, Forum sein für eine lebendige Literatur.

edition suhrkamp. Neue Folge.